HET ULTIEME IJSJE BARS RECEPTEN BOEK

Bouw je eigen ijsdromen met 100 verrukkelijke creaties

Bilal van der Meer

Auteursrechtelijk materiaal ©2024

Alle rechten voorbehouden

Geen enkel deel van dit boek mag in welke vorm of op welke manier dan ook worden gebruikt of overgedragen zonder de juiste schriftelijke toestemming van de uitgever en eigenaar van het auteursrecht, met uitzondering van korte citaten die in een recensie worden gebruikt. Dit boek mag niet worden beschouwd als vervanging voor medisch, juridisch of ander professioneel advies.

INHOUDSOPGAVE

INHOUDSOPGAVE **3**
INVOERING **6**
KLASSIEKE SUNDADES **7**
   1. BANANENSPLIT-IJSCOUPE 8
   2. HOT FUDGE IJSCOUPE 10
   3. KLASSIEKE BROWNIE-IJSCOUPE 12
   4. AARDBEIEN SHORTCAKE SUNDAE 14
   5. SCHILDPAD SUNDAE 16
   6. MUNTCHOCOLADECHIPSIJSCOUPE 18
   7. PINDAKAAS CUP SUNDAE 20
   8. KLASSIEKE CHOCOLADEIJSCOUPE 22
   9. KARAMEL CRUNCH-IJSCOUPE 24
   10. KOEKJES EN ROOMIJSCOUPE 26
   11. KOFFIE KARAMEL SUNDAE 28
   12. ANANAS ONDERSTEBOVEN SUNDAE 30
   13. FRAMBOZEN RIPPLE SUNDAE 32
   14. MANGO TANGO SUNDAE 34
   15. NAPOLITAANSE IJSCOUPE 36
   16. ROCKY ROAD-IJSCOUPE 38
   17. KERSENGARCIA-IJSCOUPE 40
   18. SUNDAE VAN GEZOUTEN KARAMELKRAKELING 42
   19. MINT CHIP BROWNIE-IJSCOUPE 44
   20. KNICKERBOCKER GLORIE 46
   21. PERZIK MELBA SUNDAE 48
   22. CHOCOLADE-NOOT-IJSCOUPE 50
FUDGE EN SAUZEN **52**
   23. MEXICAANSE HOT FUDGE 53
   24. FRAMBOZEN RIMPELSAUS 55
   25. GEZOUTEN KARAMELWERVELING 57
   26. VERRUKKING VAN WITTE CHOCOLADE 59
   27. HUISGEMAAKTE CHOCOLADESIROOP 61
   28. GEITENMELKKARAMEL 63
   29. HUISGEMAAKTE FRAMBOZENSAUS 65
   30. BUTTERSCOTCH-SAUS 67
   31. AARDBEIENSAUS 69
   32. KARAMELSAUS 71
   33. PASSIEVRUCHT-KARAMELSAUS 73
   34. PINDAKAAS-IJSSAUS 75
   35. BOSBESSEN-CITROENSAUS 77
   36. PERZIK-BOURBONSAUS 79
   37. FRAMBOZEN-BALSAMICO REDUCTIE 81

FRUITTOPPINGS 83
- 38. Kersen-hibiscuscompote 84
- 39. Pittige mango's 86
- 40. Fruitige ijsblokjes 89
- 41. Gegrilde Ananas 91
- 42. Kaneel-suiker gegrilde perziken 93
- 43. Honing-Limoen Gegrilde Ananas 95
- 44. Balsamico-geglazuurde aardbeien 97
- 45. Gegrilde Watermeloenpartjes 99

NOOT EN ZAAD TOPPINGS 101
- 46. Gekonfijte Pompoenpitten 102
- 47. Piloncillo gekarameliseerde pecannoten 104
- 48. Amandelcrumble topping 106
- 49. Geroosterde Kokosvlokken 108
- 50. Honing geglazuurde walnoten 110
- 51. Pistache Crumble 112
- 52. Esdoorn geglazuurde hazelnoten 114
- 53. Sesamzaad Praliné 116

IJSKEGELS 118
- 54. Suikerkegels 119
- 55. Kokosrijst Krokante ijshoorntjes 121
- 56. Wafelkegels 123
- 57. Zelfgemaakte glutenvrije wafelkegels 125
- 58. Zelfgemaakte mini-chocolade-ijshoorntjes 127
- 59. Aanrecht ijshoorntjes 130
- 60. Biscoff-ijshoorntjes 132

GESTOCHEERDE FRUITTOPPINGS 134
- 61. Prosecco Gepocheerde Peren 135
- 62. In rode wijn gepocheerde peren 137
- 63. Roséwijn - Gepocheerde abrikozen 140
- 64. In wijn gepocheerde vijgen met gelato 142
- 65. Rum En Esdoorn Gepocheerde Ananas 144
- 66. Brandewijn gepocheerde karamel clementines 146
- 67. Met specerijen gepocheerde kiwi's 148
- 68. Gepocheerde Mango In Zobo Gembersiroop 150
- 69. Honing En Kruiden Gepocheerde Veenbessen 152
- 70. Old Brew gepocheerde gemengde bessen 154
- 71. In koffie gepocheerde peren 156
- 72. Gepocheerde gele appel 158
- 73. Gepocheerde kweepeer 160
- 74. Exotische Hibiscus Gepocheerde Peren 162
- 75. Groene thee-gepocheerde Aziatische peren 164
- 76. In thee gepocheerde pruimen 167

BEIJDE VORMEN 169
77. Knapperige yoghurtvormen 170
78. Fruitige bevroren yoghurtschors 172
79. In chocolade gedoopte bananenpops 174
MARMALADES 176
80. Ananas-Habanero Marmelade 177
81. Sinaasappelmarmelade 179
82. Citroen Marmelade 181
83. Grapefruit Marmelade 183
84. Frambozenmarmelade 185
85. Aardbeienmarmelade 187
86. Gemengde bessenmarmelade 189
SLAGROOM TOPPINGS 191
87. Vanille En Tequila Slagroom 192
88. Chocolade slagroom 194
89. Bessen slagroom 196
90. Gezouten Karamel Slagroom 198
91. Koffie slagroom 200
92. Citroen slagroom 202
93. Geroosterde Marshmallow-slagroom 204
KOEKJES EN GEBAKKEN GOEDEREN 206
94. Browniestukjes 207
95. Zandkoekkoekjes 209
96. Havermoutkoekjes brokkelt af 211
97. Chocoladekoekjesdeegbeten 213
98. Blondie-vierkanten 215
99. Wafelkegelstukken 217
100. Biscotti 219
CONCLUSIE 221

INVOERING

Welkom bij "Het ultieme receptenboek voor ijsrepen: bouw je eigen ijsdromen met 100 verrukkelijke creaties." Sundaebars zijn een geliefde traditie en bieden eindeloze mogelijkheden voor het creëren van gepersonaliseerde ijsmeesterwerken. In dit kookboek nodigen we je uit om je creativiteit de vrije loop te laten en te genieten van het zoete genot van het maken van je eigen ijscoupes met een verzameling van 100 verrukkelijke recepten die elke wens zullen bevredigen.

Sundae-repen zijn meer dan alleen een dessert; ze zijn een viering van smaak, textuur en plezier. In dit kookboek laten we het gevarieerde aanbod aan ingrediënten, toppings en sauzen zien die ijscoupes tot een geliefde traktatie maken voor mensen van alle leeftijden. Van klassieke combinaties zoals hete fudge en karamel tot innovatieve creaties met vers fruit, snoep en noten, er is voor iedereen iets om van te genieten op deze pagina's.

Elk recept in dit kookboek is met zorg en oog voor detail samengesteld, zodat elke hap een heerlijk avontuur is. Of je nu zin hebt in iets zoets, zouts, knapperigs of fruitigs, op deze pagina's vind je volop inspiratie. Met duidelijke instructies, handige tips en verbluffende fotografie maakt " HET ULTIEME IJSJE BARS RECEPTEN BOEK" het gemakkelijk om onvergetelijke ijservaringen in uw eigen huis te creëren.

Verzamel dus je favoriete toppings, schep je favoriete ijssmaken eruit en maak je klaar om je eigen ijsdromen te creëren met " HET ULTIEME IJSJE BARS RECEPTEN BOEK" als je gids. Of je nu een verjaardagsfeestje organiseert, een familiebijeenkomst plant, of jezelf gewoon trakteert op een speciaal dessert, deze recepten zullen je zeker verrassen en imponeren met elke lepel.

KLASSIEKE SUNDADES

1. Bananensplit-ijscoupe

INGREDIËNTEN:
- 1 rijpe banaan, in de lengte gespleten
- 3 bolletjes vanille-ijs
- 3 bolletjes chocolade-ijs
- 3 bolletjes aardbeienijs
- Chocolade saus
- Aardbeiensaus
- Ananas-topping
- Slagroom
- Maraschino Kersen
- Gehakte noten (optioneel)

INSTRUCTIES:
a) Leg de gespleten banaan in een lange schaal of bootvormige kom.
b) Schik bolletjes vanille-, chocolade- en aardbeienijs tussen de bananenhelften.
c) Giet de chocoladesaus over het chocolade-ijs, de aardbeiensaus over het aardbeienijs en de ananastopping over het vanille-ijs.
d) Werk af met slagroom, marasquinkersen en eventueel gehakte noten.
e) Serveer onmiddellijk en geniet van de klassieke combinatie van smaken!

2.Hot Fudge ijscoupe

INGREDIËNTEN:
- 2 bolletjes vanille-ijs
- Hete fudgesaus
- Slagroom
- Gehakte noten (optioneel)
- Maraschino-kers

INSTRUCTIES:
a) Doe twee bolletjes vanille-ijs in een kom of glazen schaal.
b) Verwarm de hete fudgesaus en giet royaal over het ijs.
c) Top af met een toefje slagroom.
d) Strooi eventueel gehakte noten over de slagroom.
e) Garneer met een maraschinokers erop.
f) Serveer onmiddellijk en laat de warme toffeesaus in het ijs smelten voor een decadente traktatie.

3.Klassieke Brownie-ijscoupe

INGREDIËNTEN:
- 1 brownie, opgewarmd
- 2 bolletjes vanille-ijs
- Chocolade saus
- Slagroom
- Gehakte noten (optioneel)
- Maraschino-kers

INSTRUCTIES:
a) Plaats een warme brownie in een kom of schaal.
b) Werk af met twee bolletjes vanille-ijs.
c) Giet de chocoladesaus over het ijs en de brownie.
d) Doe er een toefje slagroom bovenop.
e) Strooi eventueel gehakte noten over de slagroom.
f) Garneer met een marasquinkers.
g) Serveer onmiddellijk en laat de warme brownie versmelten met het koude ijs voor een heerlijk contrast van texturen en smaken.

4.Aardbeien Shortcake Sundae

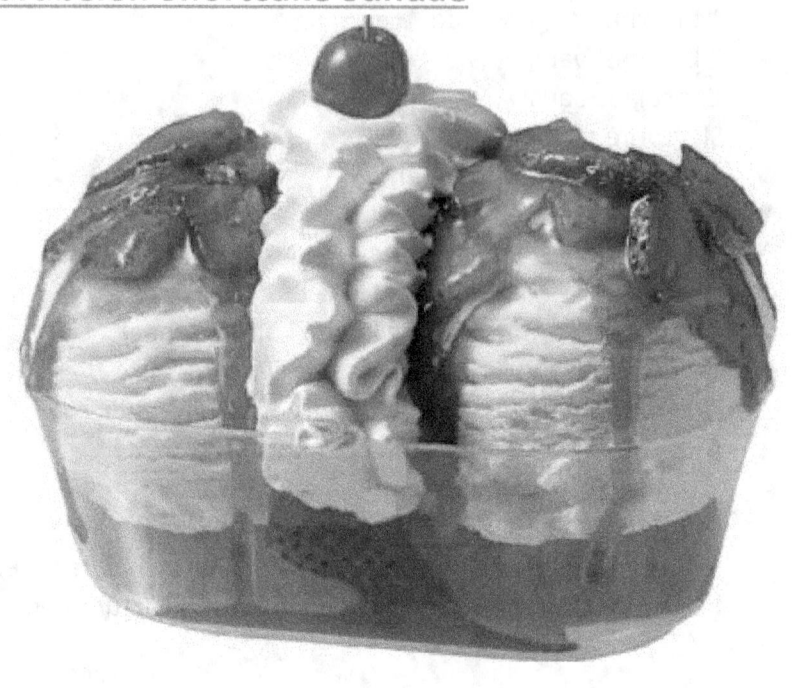

INGREDIËNTEN:
- 1 plak cake of biscuitgebak
- 2 bolletjes vanille-ijs
- Verse aardbeien, in plakjes gesneden
- Aardbeiensaus
- Slagroom
- Muntblaadjes ter garnering

INSTRUCTIES:
a) Plaats een plakje cake of biscuit in een kom of schaal.
b) Voeg twee bolletjes vanille-ijs toe bovenop de cake.
c) Verdeel de verse aardbeienplakken over het ijs.
d) Giet de aardbeiensaus royaal over de aardbeien en het ijs.
e) Top af met een toefje slagroom.
f) Garneer met een takje munt.
g) Serveer onmiddellijk en geniet van de heerlijke combinatie van smaken die doet denken aan een klassieke aardbeientaart.

5.Schildpad Sundae

INGREDIËNTEN:
- 2 bolletjes vanille-ijs
- Karamel saus
- Hete fudgesaus
- Gehakte pecannoten
- Slagroom
- Maraschino-kers

INSTRUCTIES:
a) Doe twee bolletjes vanille-ijs in een kom of schaal.
b) Giet de karamelsaus rijkelijk over het ijs.
c) Volg met een scheutje hete fudgesaus.
d) Strooi de gehakte pecannoten over de sauzen.
e) Doe er een toefje slagroom bovenop.
f) Garneer met een marasquinkers.
g) Serveer onmiddellijk en geniet van de rijke en heerlijke smaken van deze klassieke ijscoupe.

6.Muntchocoladechipsijscoupe

INGREDIËNTEN:
- 2 bolletjes muntchocolade-ijs
- Chocolade saus
- Slagroom
- Andes-muntjes, gehakt
- Takje munt ter garnering

INSTRUCTIES:
a) Doe twee bolletjes muntchocolade-ijs in een kom of schaal.
b) Giet de chocoladesaus rijkelijk over het ijs.
c) Top af met een toefje slagroom.
d) Strooi de gehakte Andes-muntjes over de slagroom.
e) Garneer met een takje verse munt.
f) Serveer onmiddellijk en geniet van de verfrissende combinatie van munt- en chocoladesmaken.

7.Pindakaas Cup Sundae

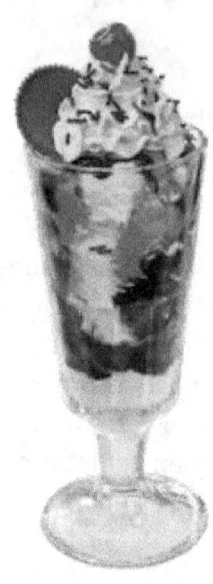

INGREDIËNTEN:
- 2 bolletjes chocolade-ijs
- Pindakaassaus
- Hete fudgesaus
- Gehakte pindakaasbekers
- Slagroom
- Pindakaaschips voor garnering

INSTRUCTIES:
a) Doe twee bolletjes chocolade-ijs in een kom of schaal.
b) Giet de pindakaassaus rijkelijk over het ijs.
c) Volg met een scheutje hete fudgesaus.
d) Strooi gehakte pindakaasbekers over de sauzen.
e) Doe er een toefje slagroom bovenop.
f) Garneer met pindakaaschips.
g) Serveer onmiddellijk en geniet van de onweerstaanbare combinatie van chocolade- en pindakaassmaken.

8. Klassieke chocoladeijscoupe

INGREDIËNTEN:
- 2 bolletjes chocolade-ijs
- Chocolade saus
- Slagroom
- Hagelslag
- Maraschino-kers

INSTRUCTIES:
a) Doe twee bolletjes chocolade-ijs in een kom of schaal.
b) Giet de chocoladesaus rijkelijk over het ijs.
c) Top af met een toefje slagroom.
d) Strooi chocoladehagelslag over de slagroom.
e) Garneer met een marasquinkers.
f) Serveer onmiddellijk en geniet van de tijdloze aantrekkingskracht van deze klassieke chocoladeijscoupe.

9.Karamel Crunch-ijscoupe

INGREDIËNTEN:
- 2 bolletjes vanille-ijs
- Karamel saus
- Gemalen boterachtige zandkoekkoekjes of karamelpopcorn
- Slagroom
- Zeezoutvlokken (optioneel)

INSTRUCTIES:
a) Doe twee bolletjes vanille-ijs in een kom of schaal.
b) Giet de karamelsaus rijkelijk over het ijs.
c) Strooi gemalen zandkoekkoekjes of karamelpopcorn over de karamelsaus.
d) Doe er een toefje slagroom bovenop.
e) Strooi desgewenst een snufje zeezoutvlokken over de slagroom voor een zoutzoet contrast.
f) Serveer onmiddellijk en geniet van de heerlijke combinatie van romige vanille, rijke karamel en knapperige textuur.

10.Koekjes En Roomijscoupe

INGREDIËNTEN:
- 2 bolletjes koekjes en roomijs
- Chocolade saus
- Verpletterde chocoladesandwichkoekjes
- Slagroom
- Mini chocoladestukjes of chocoladeschaafsel

INSTRUCTIES:
a) Doe twee bolletjes koekjes en roomijs in een kom of schaal.
b) Giet de chocoladesaus rijkelijk over het ijs.
c) Strooi gemalen chocoladesandwichkoekjes over de chocoladesaus.
d) Doe er een toefje slagroom bovenop.
e) Garneer met mini-chocoladestukjes of chocoladeschaafsel.
f) Serveer onmiddellijk en geniet van de klassieke koekjes- en roomsmaak met een chocoladeachtige twist.

11.Koffie Karamel Sundae

INGREDIËNTEN:
- 2 bolletjes koffie of espresso-ijs
- Karamel saus
- Met chocolade omhulde espressobonen, gehakt
- Slagroom
- Gemalen kaneel- of cacaopoeder om te bestuiven

INSTRUCTIES:
a) Doe twee bolletjes koffie- of espresso-ijs in een kom of schaal.
b) Giet de karamelsaus rijkelijk over het ijs.
c) Strooi gehakte, met chocolade omhulde espressobonen over de karamelsaus.
d) Doe er een toefje slagroom bovenop.
e) Bestrooi lichtjes met gemalen kaneel of cacaopoeder voor extra smaak en visuele aantrekkingskracht.
f) Serveer onmiddellijk en geniet van de heerlijke combinatie van rijke koffie, zoete karamel en knapperige chocolade.

12. Ananas ondersteboven Sundae

INGREDIËNTEN:
- 2 bolletjes vanille-ijs
- Ananasstukjes, gegrild of gekaramelliseerd
- Maraschino Kersen
- Slagroom
- Karamel saus

INSTRUCTIES:
a) Doe twee bolletjes vanille-ijs in een kom of schaal.
b) Beleg met gegrilde of gekaramelliseerde stukjes ananas.
c) Garneer met marasquinkersen.
d) Doe er een toefje slagroom bovenop.
e) Giet de karamelsaus over de slagroom.
f) Serveer onmiddellijk en geniet van de tropische smaken van deze heerlijke ijscoupe.

13. Frambozen Ripple Sundae

INGREDIËNTEN:
- 2 bolletjes vanille-ijs
- Verse frambozen
- Frambozensaus of coulis
- Slagroom
- Witte chocoladeschaafsel

INSTRUCTIES:
a) Doe twee bolletjes vanille-ijs in een kom of schaal.
b) Strooi verse frambozen over het ijs.
c) Giet frambozensaus of coulis over de frambozen en het ijs.
d) Doe er een toefje slagroom bovenop.
e) Garneer met witte chocoladeschaafsel.
f) Serveer onmiddellijk en geniet van de zoetzure smaken van deze frambozen-rimpelijscoupe.

14. Mango Tango Sundae

INGREDIËNTEN:
- 2 bolletjes mangosorbet
- Verse mangoplakken
- Geroosterde kokosvlokken
- Mangosaus of puree
- Slagroom
- Muntblaadjes ter garnering

INSTRUCTIES:
a) Doe twee bolletjes mangosorbet in een kom of schaal.
b) Verdeel de verse mangoplakken over de sorbet.
c) Strooi geroosterde kokosnootvlokken over de mangoplakken.
d) Sprenkel de mangosaus of puree over de ijscoupe.
e) Doe er een toefje slagroom bovenop.
f) Garneer met muntblaadjes.
g) Serveer direct en geniet van de tropische smaaksensatie van deze mango-tango-ijscoupe.

15. Napolitaanse ijscoupe

INGREDIËNTEN:
- 1 schep elk vanille-, chocolade- en aardbeienijs
- Aardbeiensaus
- Chocolade saus
- Slagroom
- Hagelslag

INSTRUCTIES:
a) Plaats één schep vanille-, chocolade- en aardbeienijs naast elkaar in een kom of schaal.
b) Giet de aardbeiensaus over het aardbeienijs en de chocoladesaus over het chocolade-ijs.
c) Voeg op elk bolletje een toefje slagroom toe.
d) Strooi chocoladehagelslag over de slagroom.
e) Serveer onmiddellijk en geniet van de klassieke smaken van Napolitaans ijs in ijscoupevorm.

16.Rocky Road-ijscoupe

INGREDIËNTEN:
- 2 bolletjes chocolade-ijs
- Marshmallow-crème of pluisjes
- Gehakte noten (zoals amandelen of walnoten)
- Chocolade saus
- Slagroom
- Mini-marshmallows ter garnering

INSTRUCTIES:
a) Doe twee bolletjes chocolade-ijs in een kom of schaal.
b) Schep marshmallowcrème of pluisjes over het ijs.
c) Strooi gehakte noten over de marshmallowlaag.
d) Giet de chocoladesaus rijkelijk over de noten.
e) Doe er een toefje slagroom bovenop.
f) Garneer met mini-marshmallows.
g) Serveer onmiddellijk en geniet van de klassieke combinatie van chocolade, marshmallow en noten.

17.Kersengarcia-ijscoupe

INGREDIËNTEN:
- 2 bolletjes kersen-vanille-ijs
- Kersentaartvulling of verse kersen, ontpit
- Chocoladestukjes of chocoladestukjes
- Slagroom
- Chocoladeschaafsel ter garnering

INSTRUCTIES:
a) Doe twee bolletjes kersen-vanille-ijs in een kom of schaal.
b) Schep de kersentaartvulling of verse kersen over het ijs.
c) Strooi chocoladestukjes of chocoladestukjes over de kersen.
d) Doe er een toefje slagroom bovenop.
e) Garneer met chocoladeschaafsel.
f) Serveer onmiddellijk en geniet van de heerlijke combinatie van kersen en chocolade.

18.Sundae van gezouten karamelkrakeling

INGREDIËNTEN:
- 2 bolletjes gezouten karamelijs
- Karamel saus
- Verpletterde pretzels
- Slagroom
- Zeezoutvlokken
- Krakelingstaafje voor garnering

INSTRUCTIES:
a) Doe twee bolletjes gezouten karamelijs in een kom of schaal.
b) Giet de karamelsaus rijkelijk over het ijs.
c) Strooi gemalen pretzels over de karamelsaus.
d) Doe er een toefje slagroom bovenop.
e) Strooi zeezoutvlokken over de slagroom.
f) Garneer met een krakelingstaafje.
g) Serveer onmiddellijk en geniet van de zoete en zoute smaken van deze ijscoupe.

19.Mint Chip Brownie-ijscoupe

INGREDIËNTEN:
- 1 brownie, opgewarmd
- 2 bolletjes muntchocolade-ijs
- Chocolade saus
- Slagroom
- Andes-muntjes, gehakt
- Verse muntblaadjes ter garnering

INSTRUCTIES:
a) Plaats een warme brownie in een kom of schaal.
b) Voeg twee bolletjes muntchocolade-ijs toe aan de brownie.
c) Giet de chocoladesaus rijkelijk over het ijs.
d) Doe er een toefje slagroom bovenop.
e) Strooi de gehakte Andes-muntjes over de slagroom.
f) Garneer met verse muntblaadjes.
g) Serveer onmiddellijk en geniet van de heerlijke combinatie van chocolade en munt.

20.Knickerbocker glorie

INGREDIËNTEN:
- verse aardbeien en kersen
- 2 bolletjes vanille-ijs
- 6 tot 8 eetlepels fruitgelei
- Aardbeien- of frambozensaus
- 2 bolletjes aardbeienijs
- 1/2 kop zware room, opgeklopt
- geroosterde gesneden amandelen

INSTRUCTIES:
a) Schik een beetje vers fruit op de bodem van twee gekoelde ijscoupesglaasjes. Voeg een bolletje vanille-ijs toe, daarna wat fruitgelei en wat fruitsaus.
b) Voeg vervolgens aardbeienijs toe en vervolgens meer fruitsaus. Nu afwerken met slagroom, vers fruit en noten, gevolgd door meer saus en een paar noten.
c) Zet het niet langer dan 30 minuten in de vriezer of eet het meteen op. Deze zijn niet om te bewaren, dus bereid ze indien nodig voor.
d) Het is een goed idee om voordat u begint een selectie geschikte ingrediënten klaar te hebben, evenals goed gekoelde glazen.

21.Perzik Melba Sundae

INGREDIËNTEN:
- 4 grote rijpe perziken, geschild
- fijn geraspte schil en sap van 1 citroen
- 3 Eetlepels banketbakkerssuiker
- 8 bolletjes vanille-ijs

Voor de Melba-saus
- 1 1/2 kopjes rijpe frambozen
- 2 eetlepels rode bessengelei
- 2 eetlepels superfijne suiker

INSTRUCTIES:
a) Snijd de perziken doormidden en verwijder de pit. Verpak de perzikhelften stevig in een ovenvaste schaal en bestrijk ze met citroensap. Bestrooi rijkelijk met banketbakkerssuiker. Zet het gerecht 5 tot 7 minuten onder een voorverwarmde grill, of tot het goudbruin en borrelend is. Laten afkoelen.

b) Verwarm voor de saus de frambozen met de gelei en de suiker en druk ze vervolgens door een zeef. Laten afkoelen.

c) Schik de perziken op een serveerschaal met 1 of 2 bolletjes ijs. Besprenkel met melbasaus en werk af met stukjes citroenschil.

22.Chocolade-noot-ijscoupe

INGREDIËNTEN:
- 1 schep rijk chocolade-ijs
- 1 bolletje boter-pecannotenijs
- 2 eetlepels chocolade saus
- 2 Eetlepels geroosterde gemengde noten
- chocoladevlokken, krullen of hagelslag

INSTRUCTIES:
a) Schik de twee bolletjes ijs in een gekoeld ijscoupegerecht.
b) Besprenkel met chocoladesaus en bestrooi vervolgens met noten en chocolade.

FUDGE EN SAUZEN

23.Mexicaanse Hot Fudge

INGREDIËNTEN:
- ⅔ kopje slagroom
- ½ kopje lichte glucosestroop
- ¼ kopje verpakte donkerbruine suiker
- ¼ kopje ongezoet cacaopoeder van Nederlandse verwerking
- ½ theelepel koosjer zout
- 6 ons Mexicaanse chocolade van goede kwaliteit, gehakt
- 2 eetlepels ongezouten boter
- 1 theelepel puur vanille-extract

INSTRUCTIES:

a) Meng in een pan de room, glucosestroop, bruine suiker, cacaopoeder, zout en de helft van de gehakte chocolade. Breng op middelhoog vuur aan de kook en kook, onder voortdurend kloppen, tot de chocolade is gesmolten en het mengsel glad is.

b) Zet het vuur laag en laat zachtjes koken, af en toe roeren, tot het mengsel iets dikker wordt, ongeveer 5 minuten. Voeg de boter en de resterende gehakte chocolade toe en klop tot een gladde massa. Haal van het vuur, roer de vanille erdoor en laat afkoelen.

c) Bewaard in een luchtdichte verpakking in de koelkast, is de hete fudge maximaal 2 weken houdbaar. Serveer de saus warm.

24.Frambozen Rimpelsaus

INGREDIËNTEN:
- 1 kopje verse of bevroren frambozen
- 1/4 kop kristalsuiker
- 2 eetlepels water
- 1 eetlepel citroensap

INSTRUCTIES:
a) Meng frambozen, suiker, water en citroensap in een pan.
b) Verwarm het mengsel op middelhoog vuur, af en toe roerend, tot de frambozen uiteenvallen en de suiker oplost.
c) Zodra het mengsel kookt, zet je het vuur laag en laat je het ongeveer 10-15 minuten sudderen, of tot het dikker wordt.
d) Gebruik een fijnmazige zeef om de zaden eruit te zeven en druk op de vaste stoffen om zoveel mogelijk vloeistof te extraheren.
e) Laat de frambozensaus afkoelen voordat je hem gebruikt.

25. Gezouten karamelwerveling

INGREDIËNTEN:
- 1 kopje kristalsuiker
- 1/4 kopje water
- 1/2 kop zware room
- 4 eetlepels ongezouten boter
- 1 theelepel zeezout
- 1 theelepel vanille-extract

INSTRUCTIES:
a) Meng kristalsuiker en water in een pan op middelhoog vuur. Roer tot de suiker oplost.
b) Laat het mengsel zonder roeren koken tot het een diepe amberkleur bereikt.
c) Voeg voorzichtig de slagroom toe, onder voortdurend roeren. Wees voorzichtig, want het mengsel zal borrelen.
d) Roer de boter erdoor tot deze volledig gesmolten en glad is.
e) Haal van het vuur en roer het zeezout en het vanille-extract erdoor.
f) Laat de gezouten karamel iets afkoelen voordat je hem gebruikt.

26. Verrukking van witte chocolade

INGREDIËNTEN:
- 1 kop witte chocoladestukjes of fijngehakte witte chocolade
- 1/2 kop zware room
- 2 eetlepels ongezouten boter
- 1 theelepel vanille-extract

INSTRUCTIES:
a) Meng in een hittebestendige kom witte chocoladestukjes, slagroom en boter.
b) Creëer een dubbele boiler door de kom boven een pan met kokend water te plaatsen, waarbij u ervoor zorgt dat de bodem van de kom het water niet raakt.
c) Roer het mengsel tot de witte chocolade en boter smelten en het mengsel glad wordt.
d) Haal van het vuur en roer het vanille-extract erdoor.
e) Laat de witte chocoladesaus iets afkoelen voordat je hem gebruikt.

27. Huisgemaakte chocoladesiroop

INGREDIËNTEN:
- 1 kopje (225 ml) water
- 1/4 kop (2 oz / 57 g) suiker (controleer de opmerkingen over het gebruik van natuurlijke suikers)
- 3/4 kop (3 oz / 85 g) ongezoete cacao
- 1 1/2 theelepel vanille-extract
- 1/8 theelepel zout

INSTRUCTIES:

a) Meng suiker en water in een pan met dikke bodem. Breng het mengsel op middelhoog vuur aan de kook tot de suiker volledig is opgelost.

b) Klop het cacaopoeder erdoor tot het mengsel klontjesvrij is. Laat het mengsel ongeveer 2 minuten sudderen of tot het dikker wordt. Zorg ervoor dat u voortdurend blijft kloppen om te voorkomen dat de chocolade verbrandt.

c) Zet het vuur uit en voeg vanille-extract en zout toe aan het mengsel.

d) Doe de chocoladesiroop in een luchtdichte verpakking en bewaar deze maximaal 12 weken in de koelkast.

e) Laat je verrassen door de heerlijke smaak van deze zelfgemaakte chocoladesiroop die je lekkernijen naar een geheel nieuw niveau zal tillen!

28. Geitenmelkkaramel

INGREDIËNTEN:

- 4 kopjes geitenmelk of een combinatie van koeien- en geitenmelk, bij voorkeur ongepasteuriseerd
- 1¼ kopjes suiker
- ¼ theelepel zuiveringszout
- ½ theelepel puur vanille-extract
- Snufje koosjer zout

INSTRUCTIES:

a) Roer in een grote pan met dikke bodem de melk, suiker en zuiveringszout door elkaar.
b) Breng op hoog vuur aan de kook, zet het vuur laag om het stevig te laten sudderen en kook, onder af en toe roeren, tot het mengsel ingedikt is en donker karamel van kleur is, 1 tot 1½ uur; roer vaker naarmate het mengsel dikker wordt.
c) Doe over in een hittebestendige kom en laat afkoelen. Roer de vanille en het zout erdoor. Bewaard in een luchtdichte verpakking in de koelkast, is de karamel maximaal 10 dagen houdbaar.

29. Huisgemaakte frambozensaus

INGREDIËNTEN:
- 4 kopjes (568 g) frambozen, vers of bevroren
- 1/3 kop (1 1/2 oz / 43 g) suiker
- 1/4 kop (2 fl oz / 57 ml) water

INSTRUCTIES:
a) Combineer alle ingrediënten in een middelgrote pan.
b) Laat het mengsel 5 minuten sudderen, zodat de frambozen uiteenvallen en een dikke saus vormen.
c) Zodra de bessen zijn afgebroken, haalt u de pan van het vuur en laat u het mengsel door een zeef lopen om eventuele zaadjes te verwijderen.
d) Breng de gezeefde frambozensaus over in een luchtdichte container naar keuze.
e) Bewaar de frambozensaus maximaal 4 dagen in de koelkast. Als alternatief kan het worden ingevroren voor langere opslag.

30.Butterscotch-saus

INGREDIËNTEN:

- 1/4 kop (2 oz / 57 g) boter
- 1/2 kop (4 fl oz / 115 ml) zware room
- 1/2 kop (3 oz / 85 g) bruine suiker (zie opmerkingen)
- 1 theelepel vanille-extract
- 1/8 theelepel groot vlokzout

INSTRUCTIES:

a) Meng boter, room en bruine suiker in een middelgrote pan op middelhoog vuur. Draai de pan voorzichtig rond totdat de suiker volledig is opgelost.

b) Zodra de suiker is opgelost, laat u het mengsel 4-6 minuten ongestoord sudderen.

c) Haal de pan van het vuur en roer het vanille-extract en het grote zoutvlokken erdoor.

d) Doe de butterscotch-saus in een luchtdichte verpakking en bewaar deze maximaal 8 weken in de koelkast.

31. Aardbeiensaus

INGREDIËNTEN:
- 1 pond (16 oz) aardbeien, gehakt
- 1/2 kopje vanillesuiker
- 1 theelepel citroensap
- Snufje zeezout

INSTRUCTIES:
a) Meng in een pan de gehakte aardbeien en vanillesuiker op middelhoog vuur.
b) Roer het mengsel totdat de aardbeien hun sappen beginnen vrij te geven en de suiker begint op te lossen.
c) Voeg het citroensap en een snufje zeezout toe en roer voorzichtig om te combineren.
d) Laat het mengsel ongeveer 10-15 minuten op laag-middelhoog vuur sudderen, of totdat de aardbeien zacht zijn geworden en de saus is ingedikt tot de gewenste consistentie.
e) Haal de pan van het vuur en laat de aardbeiensaus afkoelen.
f) Eenmaal afgekoeld, doe de aardbeiensaus in een pot of luchtdichte verpakking en zet in de koelkast.
g) Serveer de aardbeiensaus over desserts, pannenkoeken, ijs of elk ander gerecht dat een vleugje zoete aardbeiensmaak kan gebruiken.

32. Karamelsaus

INGREDIËNTEN:
- 1 kopje verpakte bruine suiker
- 1/2 kop ongezouten boter
- 1/4 kopje melk
- 1 theelepel vanille-extract (optioneel)

INSTRUCTIES:
a) Breng bruine suiker, boter en melk in een pan op middelhoog vuur aan de kook. Laat de ingrediënten sudderen tot ze ingedikt zijn, wat doorgaans 1 tot 2 minuten duurt.
b) Roer indien gewenst het vanille-extract erdoor nadat je het mengsel van het vuur hebt gehaald. Laat de karamel iets afkoelen voordat je hem gebruikt.
c) Sprenkel deze rijke en romige karamelsaus over uw favoriete desserts. Het voegt een luxueuze zoetheid toe die uw zoetekauw zeker zal bevallen.
d) Combineer deze heerlijke karamelsaus met een verscheidenheid aan desserts, zoals popcorn, gekruide appelchips of ijs op basis van koffie voor een overheerlijke laatste gang.

33. Passievrucht-karamelsaus

INGREDIËNTEN:
- 2 kopjes suiker
- ½ kopje water
- 2 theelepels lichte glucosestroop
- 1⅓ kopjes passievruchtpuree
- 4 eetlepels ongezouten boter, in stukjes gesneden
- ½ theelepel koosjer zout

INSTRUCTIES:

a) Meng de suiker, het water en de glucosestroop in een grote pan met dikke bodem. Breng op middelhoog vuur aan de kook, roer om de suiker op te lossen en veeg af en toe de zijkanten van de pan af met een natte deegborstel om eventuele suikerkristallen weg te wassen.

b) Verhoog het vuur tot middelhoog en laat het zonder roeren koken tot de siroop donker amberkleurig is, ongeveer 8 minuten. Haal de pan van het vuur. Voeg voorzichtig de passievruchtenpuree toe (deze gaat borrelen en spetteren, dus wees voorzichtig als je hem erin giet), de boter en het zout en klop om zoveel mogelijk te verwerken (de karamel wordt een beetje hard).

c) Zet de pan op middelhoog vuur, breng aan de kook en kook al roerend tot de karamel is opgelost en de saus glad is. Haal van het vuur en laat afkoelen. Bewaard in een luchtdichte verpakking in de koelkast, is de saus maximaal 10 dagen houdbaar.

d) Serveer de saus warm of op kamertemperatuur.

34. Pindakaas-ijssaus

INGREDIËNTEN:
- 1/4 kop (2 fl oz / 60 ml) zware room
- 1/4 kop (2 oz / 57 g) boter
- 1/4 kop (2 oz / 57 g) kristalsuiker
- 1 eetlepel vanille-extract
- 1 kop (8 oz / 225 g) romige gezouten pindakaas, verdeeld

INSTRUCTIES:
a) Meng in een kleine pan op laag vuur de zware room, boter en kristalsuiker. Verwarm het mengsel tot de suiker is opgelost.
b) Haal de pan van het vuur en roer het vanille-extract en 1 kopje (225 g) pindakaas erdoor.
c) Proef de saus en voeg een extra eetlepel pindakaas toe als je een meer uitgesproken pindakaassmaak wenst.
d) Sprenkel de saus over een ijscoupe en verbeter de ervaring indien gewenst met hete fudge en slagroom.
e) Bewaar de saus maandenlang in een luchtdichte verpakking in de koelkast. Verwarm het mengsel voor gebruik voorzichtig opnieuw in de magnetron gedurende 30 seconden of op het fornuis op laag vuur om het vloeibaar te maken.

35. Bosbessen-citroensaus

INGREDIËNTEN:
- 1 kop verse bosbessen
- 2 eetlepels citroensap
- 1/4 kop kristalsuiker
- 1 theelepel citroenschil

INSTRUCTIES:
a) Meng in een kleine pan de verse bosbessen, het citroensap, de kristalsuiker en de citroenschil.
b) Kook op middelhoog vuur, af en toe roerend, tot de bosbessen beginnen af te breken en hun sappen vrijgeven, en het mengsel iets dikker wordt, ongeveer 5-7 minuten.
c) Haal van het vuur en laat de saus iets afkoelen.
d) Serveer warm met bolletjes vanille-ijs of je favoriete bevroren dessert.
e) Bewaar de overgebleven saus maximaal een week in een luchtdichte verpakking in de koelkast.

36. Perzik-bourbonsaus

INGREDIËNTEN:

- 2 kopjes gesneden perziken (vers of ingeblikt)
- 2 eetlepels bourbon
- 1/4 kopje bruine suiker
- 1/4 theelepel gemalen kaneel
- Snufje zout

INSTRUCTIES:

a) Meng in een pan de gesneden perziken, bourbon, bruine suiker, kaneel en zout.
b) Kook op middelhoog vuur, af en toe roerend, tot de perziken zacht zijn en het mengsel iets dikker is geworden, ongeveer 8-10 minuten.
c) Haal van het vuur en laat de saus iets afkoelen.
d) Serveer warm met bolletjes vanille-ijs of je favoriete bevroren dessert.
e) Bewaar de overgebleven saus maximaal een week in een luchtdichte verpakking in de koelkast.

37. Frambozen-Balsamico Reductie

INGREDIËNTEN:
- 1 kopje verse frambozen
- 1/4 kopje balsamicoazijn
- 2 eetlepels kristalsuiker

INSTRUCTIES:
a) Meng in een kleine pan de verse frambozen, balsamicoazijn en kristalsuiker.
b) Kook op middelhoog vuur, af en toe roerend, tot de frambozen uiteenvallen en het mengsel dikker wordt tot een stroperige consistentie, ongeveer 8-10 minuten.
c) Haal van het vuur en zeef het mengsel door een fijnmazige zeef om de frambozenzaadjes te verwijderen.
d) Laat de saus iets afkoelen voordat je hem serveert.
e) Serveer warm met bolletjes vanille-ijs of je favoriete bevroren dessert.
f) Bewaar de overgebleven saus maximaal een week in een luchtdichte verpakking in de koelkast.

FRUITToppings

38.Kersen-hibiscuscompote

INGREDIËNTEN:
- 2 pond verse of bevroren Bing-kersen, ontpit (ongeveer 4½ kopjes)
- ¾ kopje suiker
- ½ kopje water
- ¾ kopje gedroogde hibiscusbloemen Grote snuf koosjer zout

INSTRUCTIES:
a) Meng alle ingrediënten in een grote pan met dikke bodem.
b) Breng op middelhoog vuur aan de kook, zet het vuur laag om het geheel te laten sudderen en kook, onder af en toe roeren, tot de sappen dik genoeg zijn om de achterkant van de lepel te bedekken, ongeveer 10 minuten.
c) Haal van het vuur en laat afkoelen. Bewaard in een luchtdichte verpakking in de koelkast, is de compote maximaal 1 week houdbaar.
d) OPMERKING Ik geef de voorkeur aan deze compote gemaakt met Bing-kersen, maar elk type zoete kers zal goed werken.

39. Pittige mango's

INGREDIËNTEN:
- 1 limoen
- 1 pond rijpe maar stevige mango's3 theelepels koosjer zout
- 3 kopjes suiker
- 2 kopjes water
- ¼ kopje lichte glucosestroop
- ⅓ kopje gemalen guajillo, piquín of árbol chilipepers, of een combinatie

INSTRUCTIES:
a) Verwijder met een dunschiller de limoenschil in reepjes. Pers de limoen.
b) Schil de mango's en snijd het vruchtvlees in grote stukken of partjes. Meng de mango's in een kom met 1 theelepel zout en het limoensap.
c) Meng de suiker, het water, de glucosestroop en de limoenschil in een grote pan en breng op middelhoog vuur aan de kook. Zet het vuur middelhoog, voeg de mangostukjes toe en laat 20 minuten zachtjes koken, af en toe roeren. Haal van het vuur, bedek de pan met het deksel of een stuk kaasdoek en laat een nacht op kamertemperatuur staan.
d) Open de volgende dag de pan, zet hem op middelhoog vuur en breng de siroop aan de kook. Kook gedurende 20 minuten, af en toe roerend en pas de hitte indien nodig aan om aan de kook te blijven. Haal van het vuur, dek af met het deksel of de kaasdoek en laat een nacht op kamertemperatuur staan.
e) Op de derde dag haalt u de pan opnieuw uit het deksel, zet u deze op middelhoog vuur en brengt u aan de kook. Kook slechts 5 minuten, af en toe roerend, haal dan van het vuur en laat afkoelen tot kamertemperatuur. Eenmaal afgekoeld, gebruik je een schuimspaan om de mangostukjes over te brengen naar een rooster op een bakplaat. Gooi de limoenschil weg. Laat uitlekken totdat de mangostukjes niet meer nat zijn (ze worden plakkerig), 8 tot 10 uur.
f) Roer in een kom de gemalen pepers en de resterende 2 theelepels zout door elkaar. Werk in batches en schep de mangostukjes door het chilimengsel tot ze aan alle kanten bedekt zijn. Bewaard in een luchtdichte verpakking op een koele, droge plaats zijn de mango's maximaal 1 maand houdbaar.

40.Fruitige ijsblokjes

INGREDIËNTEN:
- 1 kopje gepureerde frambozen
- 1 kopje gewone of fruityoghurt

INSTRUCTIES:

a) Meng het fruit en de yoghurt door elkaar. Giet het mengsel in grote, gemakkelijk los te maken ijsblokjesbakjes of fruitvormige ijsbakjes.

b) Maak de bovenkanten glad zodat ze volledig vlak zijn, zodat ze er gemakkelijk uit kunnen komen. Steek er eventueel kleine ijslollystokjes in.

c) Vries 3 tot 4 uur of een nacht in. Stort op een mooie schaal en serveer met stukjes vers fruit en koekjes.

41.Gegrilde Ananas

INGREDIËNTEN:
- 1 rijpe ananas, geschild en klokhuis verwijderd, in plakjes gesneden
- Olijfolie of gesmolten boter om te bestrijken (optioneel)

INSTRUCTIES:
a) Verwarm uw grill voor op middelhoog vuur.
b) Bestrijk de ananasplakken desgewenst lichtjes met olijfolie of gesmolten boter.
c) Leg de ananasplakken rechtstreeks op de grillroosters en bak ze 2-3 minuten per kant, of tot er grillsporen verschijnen en de ananas gekarameliseerd en lichtjes zacht is.
d) Haal van de grill en laat iets afkoelen.
e) Serveer de gegrilde ananasschijfjes warm over bolletjes vanille-ijs of je favoriete bevroren dessert.
f) Bewaar de overgebleven gegrilde ananas maximaal drie dagen in een luchtdichte verpakking in de koelkast.

42.Kaneel-suiker gegrilde perziken

INGREDIËNTEN:
- 2 rijpe perziken, gehalveerd en ontpit
- 2 eetlepels ongezouten boter, gesmolten
- 2 eetlepels kristalsuiker
- 1 theelepel gemalen kaneel
- Vanille-ijs, om te serveren

INSTRUCTIES:
a) Verwarm uw grill voor op middelhoog vuur.
b) Meng in een kleine kom de kristalsuiker en gemalen kaneel.
c) Bestrijk de gesneden kant van elke perzikhelft met gesmolten boter.
d) Strooi het kaneel-suikermengsel gelijkmatig over de gesneden kant van de perziken.
e) Leg de perziken met de snijkant naar beneden op de voorverwarmde grill.
f) Grill gedurende 3-4 minuten, of tot er grillsporen verschijnen en de perziken lichtjes zacht zijn.
g) Draai de perziken voorzichtig om en gril nog 2-3 minuten.
h) Haal de gegrilde perziken van de grill en laat ze iets afkoelen.
i) Serveer de gegrilde perziken warm met een bolletje vanille-ijs. Geniet van de gekaramelliseerde zoetheid van de perziken met de koele romigheid van het ijs.

43. Honing-Limoen Gegrilde Ananas

INGREDIËNTEN:
- 1 ananas, geschild, klokhuis verwijderd en in ringen gesneden
- 2 eetlepels honing
- Schil en sap van 1 limoen
- Vanille-ijs, om te serveren

INSTRUCTIES:
a) Verwarm uw grill voor op middelhoog vuur.
b) Meng in een kleine kom de honing, limoenschil en limoensap.
c) Bestrijk beide zijden van elke ananasring met het honing-limoenmengsel.
d) Leg de ananasringen op de voorverwarmde grill.
e) Grill 2-3 minuten per kant, of tot er grillsporen verschijnen en de ananas goed verhit is.
f) Haal de gegrilde ananas van de grill en laat iets afkoelen.
g) Serveer de gegrilde ananas warm met een bolletje vanille-ijs. Geniet van de tropische smaken, versterkt door de pittige limoen en zoete honing.

44. Balsamico-geglazuurde aardbeien

INGREDIËNTEN:
- 1 kopje aardbeien, gepeld en gehalveerd
- 1 eetlepel balsamicoazijn
- 1 eetlepel honing
- Verse muntblaadjes, voor garnering
- Vanille-ijs, om te serveren

INSTRUCTIES:
a) Meng de balsamicoazijn en honing in een kleine pan op middelhoog vuur.
b) Breng het mengsel aan de kook en zet het vuur laag.
c) Voeg de aardbeien toe aan de pan en roer ze zodat ze bedekt zijn met het balsamicoglazuur.
d) Kook de aardbeien 2-3 minuten, af en toe roerend, tot ze zacht zijn en het glazuur iets is ingedikt.
e) Haal de pan van het vuur en laat de aardbeien iets afkoelen.
f) Serveer de met balsamico geglazuurde aardbeien warm met een bolletje vanille-ijs.
g) Garneer met verse muntblaadjes voor een vleugje kleur en extra smaak.

45. Gegrilde Watermeloenpartjes

INGREDIËNTEN:

- 4 dikke partjes pitloze watermeloen
- Olijfolie, om te poetsen
- Grof zeezout, om te bestrooien
- Verse muntblaadjes, voor garnering
- Vanille-ijs, om te serveren

INSTRUCTIES:

a) Verwarm uw grill voor op middelhoog vuur.
b) Bestrijk beide zijden van elke watermeloenschijf lichtjes met olijfolie.
c) Leg de watermeloenpartjes op de voorverwarmde grill.
d) Grill 2-3 minuten per kant, of tot er grillsporen verschijnen en de watermeloen licht gekaramelliseerd is.
e) Haal de gegrilde watermeloen van de grill en bestrooi licht met grof zeezout.
f) Laat de watermeloenpartjes iets afkoelen.
g) Serveer de gegrilde watermeloen warm met een bolletje vanille-ijs.
h) Garneer met verse muntblaadjes voor een verfrissende toets. Geniet van de rokerig-zoete smaak van de gegrilde watermeloen gecombineerd met romig vanille-ijs.

NOOT EN ZAAD TOPPINGS

46. Gekonfijte Pompoenpitten

INGREDIËNTEN:
- 1 kopje suiker
- 1 tot 2 theelepels gemalen piquín of árbol chili (optioneel)
- 1 theelepel koosjer zout
- 1 groot eiwit
- 3 kopjes pompoenpitten

INSTRUCTIES:
a) Verwarm de oven voor op 300 ° F. Bestrijk een omrande bakplaat licht met een beetje plantaardige olie of bekleed deze met bakpapier.
b) Meng in een kleine kom de suiker, chili (indien gebruikt) en zout. Klop het eiwit in een middelgrote kom met een vork schuimig. Voeg de pompoenpitten en het suikermengsel toe en roer tot de zaden gelijkmatig bedekt zijn.
c) Verdeel de pompoenpitten over de voorbereide bakplaat en bak, al roerend een paar keer, tot ze geroosterd zijn, 10 tot 12 minuten. Laat afkoelen tot kamertemperatuur. Bewaard in een luchtdichte verpakking op een koele, droge plek, zijn de pompoenpitten maximaal 1 maand houdbaar.

47. Piloncillo gekarameliseerde pecannoten

INGREDIËNTEN:
- 8 ons piloncillo, fijngehakt
- 1 (1 inch) stuk Mexicaanse kaneel
- ⅓ kopje water 3¼ kopjes pecannoothelften
- Vet een omrande bakplaat licht in.

INSTRUCTIES:
a) Meng de piloncillo, kaneel en water in een pan. Zet de pan op middelhoog vuur en kook al roerend tot de piloncillo is opgelost en het mengsel bubbelend, dik en goudkleurig is, 4 tot 6 minuten. Voeg ongeveer een derde van de pecannoten toe en roer om te coaten.
b) Voeg de resterende pecannoten in nog twee batches toe, onder voortdurend roeren. De piloncillo begint te kristalliseren en ziet er zanderig uit.
c) Blijf roeren totdat alle pecannoten bedekt zijn.
d) Giet de pecannoten op de voorbereide bakplaat en scheid ze met een lepel. Verwijder het stukje kaneel. Laat afkoelen tot kamertemperatuur. Bewaard in een luchtdichte verpakking op een koele, droge plek, zijn de pecannoten maximaal 3 weken houdbaar.

48. Amandelcrumble topping

INGREDIËNTEN:
- ½ kopje bloem voor alle doeleinden
- ½ kopje gesneden of geschaafde amandelen
- ½ kopje banketbakkerssuiker
- ¼ kopje bruine suiker, verpakt ⅛ theelepel zout
- ¼ theelepel gemalen kaneel
- 4 eetlepels boter, gekoeld en in verschillende stukken gesneden

INSTRUCTIES:
a) Verwarm de oven voor op 350 ° F. Bekleed een bakplaat met bakpapier.
b) Combineer bloem, amandelen, suikers, zout en kaneel in een keukenmachine en mix tot de amandelen volledig zijn gebroken tot amandelmeel en het mengsel goed is gecombineerd. Voeg boter toe en pulseer tot het mengsel een grove, zandige textuur heeft en er geen stukjes boter groter dan een erwt achterblijven.
c) Breng het mengsel over naar een grote kom. Als je het mengsel stevig in je hand knijpt, moet het aan elkaar plakken in grote brokjes, variërend van de grootte van een erwt tot een walnoot. Verdeel het hele mengsel in brokjes van verschillende grootte.
d) Breng de amandelkruimels over naar de voorbereide bakplaat.
e) Bak ongeveer 15 minuten, roer elke 5 minuten lichtjes met een spatel, tot de crumble licht goudbruin en krokant is.
f) Volledig afgekoeld is de crumble enkele dagen houdbaar in een luchtdichte verpakking.

49.Geroosterde Kokosvlokken

INGREDIËNTEN:
- 1 kop ongezoete kokosvlokken

INSTRUCTIES:
a) Verwarm de oven voor op 160°C.
b) Verdeel de kokosvlokken in een gelijkmatige laag op een bakplaat.
c) Bak gedurende 5-7 minuten, af en toe roerend, tot de kokosnootvlokken goudbruin en geurig zijn.
d) Haal uit de oven en laat volledig afkoelen.
e) Strooi de geroosterde kokosnootvlokken over ijs of andere desserts in de ijscoupebar voor extra smaak en knapperigheid.

50. Honing geglazuurde walnoten

INGREDIËNTEN:
- 1 kop walnoothelften of stukjes
- 2 eetlepels honing
- Snufje zout

INSTRUCTIES:
a) Verhit de honing in een kleine pan op laag vuur tot hij warm en vloeibaar is.
b) Voeg de walnoothelften of -stukjes toe aan de pan en roer om ze gelijkmatig met de honing te bedekken.
c) Kook de walnoten 3-5 minuten, onder voortdurend roeren, tot ze gekaramelliseerd en goudbruin zijn.
d) Haal de pan van het vuur en bestrooi de walnoten met een snufje zout.
e) Breng de met honing geglazuurde walnoten over naar een met bakpapier beklede bakplaat en laat volledig afkoelen.
f) Eenmaal afgekoeld, breek je de walnoten uit elkaar en gebruik je ze als topping voor ijs of andere desserts in de ijscoupesbar.

51. Pistache Crumble

INGREDIËNTEN:
- 1/2 kopje gepelde pistachenoten, fijngehakt
- 2 eetlepels kristalsuiker
- 1 eetlepel ongezouten boter, gesmolten

INSTRUCTIES:
a) Verwarm de oven voor op 175°C (350°F) en bekleed een bakplaat met bakpapier.
b) Meng in een kom de gehakte pistachenoten, kristalsuiker en gesmolten boter tot alles goed gemengd is.
c) Verdeel het mengsel gelijkmatig over de voorbereide bakplaat.
d) Bak gedurende 8-10 minuten, of tot de crumble goudbruin en geurig is.
e) Haal het uit de oven en laat het volledig afkoelen.
f) Eenmaal afgekoeld, breek eventuele grote klonten uit elkaar om een kruimelige textuur te creëren.
g) Strooi de pistachecrumble over ijs of andere desserts bij de sundae bar voor een nootachtige en knapperige topping.

52.Esdoorn geglazuurde hazelnoten

INGREDIËNTEN:
- 1 kop hazelnoten
- 2 eetlepels pure ahornsiroop
- Snufje zout

INSTRUCTIES:
a) Verwarm de oven voor op 175°C (350°F) en bekleed een bakplaat met bakpapier.
b) Verdeel de hazelnoten in een enkele laag op de voorbereide bakplaat.
c) Druppel de ahornsiroop over de hazelnoten en bestrooi met een snufje zout.
d) Gooi de hazelnoten totdat ze gelijkmatig bedekt zijn.
e) Bak gedurende 12-15 minuten, af en toe roerend, tot de hazelnoten goudbruin en gekarameliseerd zijn.
f) Haal ze uit de oven en laat ze volledig afkoelen op de bakplaat.
g) Eenmaal afgekoeld, breek eventuele trossen hazelnoten uit elkaar.
h) Strooi de met esdoorn geglazuurde hazelnoten over ijs of andere desserts in de ijscoupebar voor een zoete en knapperige topping.

53. Sesamzaad Praliné

INGREDIËNTEN:
- 1/2 kopje sesamzaadjes
- 1 kopje kristalsuiker
- 2 eetlepels water

INSTRUCTIES:

a) Rooster de sesamzaadjes in een droge koekenpan op middelhoog vuur gedurende 2-3 minuten, onder regelmatig roeren, tot ze goudbruin en geurig zijn. Haal uit de koekenpan en zet opzij.

b) Meng in een schone koekenpan de kristalsuiker en het water op middelhoog vuur en roer tot de suiker is opgelost.

c) Breng het mengsel aan de kook, zet het vuur laag en laat het zonder roeren sudderen tot het een middelmatige amberkleur bereikt, ongeveer 5-7 minuten.

d) Roer de geroosterde sesamzaadjes erdoor tot ze gelijkmatig bedekt zijn met de gekarameliseerde suiker.

e) Giet het mengsel snel op een met bakpapier beklede bakplaat.

f) Werk snel en gebruik een spatel om het mengsel in een dunne, gelijkmatige laag te verdelen.

g) Laat de sesamzaadpraline volledig afkoelen en breek hem vervolgens in stukjes.

h) Strooi de sesamzaadpraline over ijs of andere desserts aan de sundaebar voor een zoete en nootachtige topping.

IJSKEGELS

54. Suikerkegels

INGREDIËNTEN:
- 2 grote eiwitten
- ½ kopje suiker
- 3 eetlepels volle melk
- ½ theelepel puur vanille-extract
- ¼ theelepel zout
- ⅔ kopje bloem voor alle doeleinden
- ¼ theelepel gemalen kaneel (optioneel)
- 2 eetlepels ongezouten boter, gesmolten
- 4 ons halfzoete of pure chocolade (optioneel)

INSTRUCTIES:
a) Klop het eiwit, de suiker, de melk, de vanille en het zout in een kleine kom. Voeg de bloem, kaneel en boter toe. Klop tot het volledig is opgenomen en het beslag glad is.

b) Smeer een koekenpan met anti-aanbaklaag lichtjes in met een kleine hoeveelheid kookspray of bestrijk hem lichtjes met neutrale olie. Giet ongeveer 2½ eetlepel beslag in de koude koekenpan en verdeel het in een dunne, gelijkmatige laag. Zet de koekenpan op middelhoog vuur en bak de schijf gedurende 4 tot 5 minuten, of tot de kegel gestold is en aan de onderkant licht goudbruin is. Draai de schijf voorzichtig om en laat nog 1 tot 2 minuten koken.

c) Leg de suikerschijf snel op een schone handdoek en bedek hem met een kegelroller. Rol de schijf met behulp van de handdoek en de kegelroller tot een kegel en houd deze stevig langs de naad gedurende 1 tot 2 minuten, totdat de kegel afkoelt en hard wordt. Veeg de koekenpan af en herhaal totdat al het beslag is gebruikt.

d) Als u de kegels in chocolade wilt dopen, bekleedt u een bakplaat met bakpapier. Wanneer de kegels volledig zijn afgekoeld, smelt je de chocolade in de magnetron in stappen van 30 seconden. Doop de punten van de kegeltjes voorzichtig in de chocolade en leg ze op het perkamentpapier tot de chocolade hard wordt. Als je de kegels in een luchtdichte verpakking bij kamertemperatuur bewaart, zijn ze maximaal 1 week houdbaar.

55.Kokosrijst Krokante ijshoorntjes

INGREDIËNTEN:
- 75 g boter
- 5 eetlepels honing
- 2 eetlepels kokosroom
- 1 theelepel vanille-extract
- 100 gram rijstkrokantjes
- 40 g gedroogde kokosnoot
- 6-8 wafelijshoorntjes, voor serveren
- 40 g pure chocolade, gesmolten (optioneel, zie tip)

INSTRUCTIES:
a) Bekleed een bakplaat met bakpapier.
b) Smelt de boter in een middelgrote pan op laag vuur. Voeg honing, kokosroom en vanille-extract toe en roer tot alles goed gemengd is.
c) Haal van het vuur en roer de rijstkrokantjes en de gedroogde kokosnoot erdoor.
d) Laat het mengsel ongeveer 20 minuten afkoelen. Gebruik een geveerde ijsschep om een deel van het mengsel stevig aan te pakken, waarbij u de bal aan de bovenkant lichtjes bol maakt. Laat het voorzichtig los en plaats het voorzichtig op de beklede bakplaat. Herhaal met het resterende mengsel.
e) Laat het 30-45 minuten afkoelen om op te stijven.
f) Eenmaal uitgehard, serveer in de wafelijshoorntjes.
g) Optioneel: Druppel gesmolten pure chocolade over de kegels voor een extra heerlijke toets. Zie tip voor details.
h) Tip: Om een decadente toets toe te voegen, smelt u 40 g pure chocolade en besprenkelt u dit over de vaste kegels voordat u het serveert.

56. Wafelkegels

INGREDIËNTEN:
- 1 oz ongezouten boter, in stukjes gesneden
- 3 oz bloem voor alle doeleinden
- 2 ons suiker
- 2 oz donkerbruine suiker
- 1 groot ei
- 1 eiwit (van een groot ei)
- 2 theelepel water
- 1 theelepel vanille-extract
- ¼ theelepel zout
- ¼ theelepel zuiveringszout
- Antiaanbakolie in sprayvorm

INSTRUCTIES:
a) Verwarm uw wafelkegelmaker voor volgens de instructies van de fabrikant.
b) Smelt de boter in een kleine pan op laag vuur. Zet opzij om iets af te koelen.
c) Klop in een mengkom de bloem, de suiker en de donkerbruine suiker door elkaar.
d) Klop in een aparte kom het grote ei en het eiwit. Voeg water, vanille-extract, zout en zuiveringszout toe. Goed mengen.
e) Giet de gesmolten boter bij de natte ingrediënten en roer om te combineren.
f) Voeg geleidelijk de natte ingrediënten toe aan de droge ingrediënten en roer tot er een glad beslag ontstaat.
g) Smeer de wafelkegelmaker licht in met antiaanbakolie.
h) Schep een kleine hoeveelheid beslag in het midden van het wafelijzer en sluit het deksel. Kook volgens de instructies van de fabrikant of tot ze goudbruin zijn.
i) Rol de wafel snel in een kegelvorm met een kegelroller of met de hand, en sluit de punt af om te voorkomen dat deze uitrafelt.
j) Herhaal het proces met het resterende beslag.
k) Laat de wafelkegels afkoelen en stevig worden voordat u ze serveert.

57. Zelfgemaakte glutenvrije wafelkegels

INGREDIËNTEN:
- 1 kopje zware room
- 1 theelepel puur vanille-extract
- ¼ theelepel amandelextract
- 1½ kopjes glutenvrije bloemmix (Bob's Red Mill 1 op 1 aanbevolen)
- 1½ kopjes poedersuiker
- 1 theelepel xanthaangom (laat het weg als uw bloemmengsel dit bevat)
- Snufje gemalen kaneel
- Snufje gemalen nootmuskaat
- Snufje zeezout

INSTRUCTIES:
a) Klop de slagroom met een handmixer of in de kom van een keukenmixer voorzien van het peddelopzetstuk tot er zachte pieken ontstaan. Roer voorzichtig de vanille- en amandelextracten erdoor.

b) Zeef de glutenvrije bloem, poedersuiker, kaneel en nootmuskaat en voeg dit toe aan de slagroom. Vouw samen totdat er een dik beslag ontstaat. Dek af met plasticfolie en zet minimaal 30 minuten in de koelkast.

c) Verwarm een wafelkegelijzer (of paninipers) voor op 375 graden (of middelhoog).

d) Voeg een flinke eetlepel beslag toe aan het wafelkegelijzer en druk het deksel stevig naar beneden. Voor eenvoudige metingen kunt u een klein koekjesdeegschepje gebruiken. Controleer de wafel na 90 seconden; het moet licht goudbruin zijn.

e) Haal de gekookte wafel uit het strijkijzer en leg hem op een koel oppervlak. Laat het 10 seconden afkoelen en rol het dan in een kegelvorm. Houd de kegel ongeveer 10 seconden langer stevig op zijn plaats, of totdat de kegel hard wordt.

f) Herhaal het proces met het resterende beslag.

58.Zelfgemaakte mini-chocolade-ijshoorntjes

INGREDIËNTEN:
- 60 g cakemeel
- 18 g (2 eetlepels) zwarte onyx cacaopoeder
- 60 g (4 eetlepels) ongezouten boter, op kamertemperatuur
- 120 g banketbakkerssuiker, gezeefd
- 90 g (3 grote) eiwitten, op kamertemperatuur
- Hagelslag of geschaafde amandelen voor decoratie (optioneel)
- 1 pizzellekegel
- Cirkelacetaat stencil met een diameter van 1 4 inch
- Een kleine offsetspatel (optioneel, maar aanbevolen)

INSTRUCTIES:
a) Verwarm de oven voor op 350°F. Bekleed een bakplaat met een silpat- of bakpapier.
b) Meng cakemeel en zwarte onyx-cacaopoeder in een middelgrote mengkom. Roer krachtig met een ballongarde tot het uniform van kleur is en gelijkmatig verdeeld is.
c) Klop in de kom van een staande mixer voorzien van een paddle-opzetstuk de boter en de banketbakkerssuiker gedurende 3 minuten tot ze wit en luchtig zijn.
d) Voeg met de mixer op gemiddelde snelheid de eiwitten langzaam één voor één toe. Schraap tussen de toevoegingen de zijkanten van de kom schoon.
e) Voeg de droge ingrediënten (bloem en cacao) toe aan het beslag. Klop tot het goed is opgenomen.
f) Plaats het acetaatstencil op de beklede bakplaat. Verdeel een dunne laag beslag in het sjabloon, met behulp van een offsetspatel, indien beschikbaar, tot aan de randen van het sjabloon. Til het sjabloon recht omhoog en verplaats het sjabloon een centimeter verwijderd van de eerste cirkel, herhaal dit totdat er geen ruimte meer over is op de bakplaat. Voeg indien gewenst hagelslag of geschaafde amandelen toe aan de cirkels.
g) Bak gedurende 6 tot 8 minuten of totdat de cirkels er droog uitzien en knapperig beginnen te worden aan de randen.
h) Werk snel terwijl het heet is en wikkel de cirkels rond de pizzellekegel. Laat ze afkoelen op een rooster. Als de kegels te snel afkoelen, plaats ze dan even terug in de oven om op te warmen en soepeler te worden. Opmerking: wees voorzichtig, want de kegels zijn heet.
i) Serveer dezelfde dag of bewaar een dag of twee in een luchtdichte verpakking.

59. Aanrecht ijshoorntjes

INGREDIËNTEN:
- 3/4 kop geroosterde kokosnoot
- 1/3 kopje gemalen aardappelchips
- 1/3 kop fijngehakte pistachenoten
- 6 wafelkegels
- Zelfgemaakte dessertschelp
- Ijsje

INSTRUCTIES:
a) Combineer geroosterde kokosnoot, gemalen aardappelchips en fijngehakte pistachenoten.
b) Bestrijk de binnenkant van de wafelhoorntjes met Homemade Dessert Shell.
c) Bestrooi elk kegeltje met 1 eetlepel van het kokosmengsel.
d) Vul elk hoorntje met 1 klein bolletje, gevolgd door 1 groot bolletje ijs.
e) Plaats elke gevulde kegel in een smal glas en vries in.
f) Bestrijk het ijs met extra zelfgemaakte dessertschelpen.
g) Bestrijk de kegels met het resterende kokosmengsel.

60.Biscoff-ijshoorntjes

INGREDIËNTEN:
- 350 ml volle melk
- 225 g kristalsuiker
- 400 gram koekjespasta
- 1 theelepel vanillepasta
- 8 eierdooiers
- 300 ml verdikte crème op kamertemperatuur
- Extra speculoospasta om te serveren
- Biscoffkoekjes om te serveren
- Wafelijshoorntjes om te serveren

INSTRUCTIES:
a) Voordat u begint, plaatst u een KitchenAid-ijskom minimaal 24 uur in de vriezer.
b) Verwarm de melk samen met de vanillepasta, basterdsuiker en 3 eetlepels speculoospasta in een grote pan op laag vuur en zorg ervoor dat het niet kookt. Haal van het vuur zodra de suiker is opgelost.
c) Bevestig het gardeopzetstuk aan een KitchenAid keukenmixer. Klop de eierdooiers tot ze licht luchtig zijn.
d) Giet geleidelijk de warme melk bij het eimengsel en klop om te combineren.
e) Giet het mengsel samen met de ingedikte room terug in de pan en zet het op een laag vuur. Laat het al roerend geleidelijk opwarmen tot het mengsel dikker wordt (5-6 minuten).
f) Haal van het vuur en giet het in een kan om volledig af te koelen. Zet het vervolgens in de koelkast tot het gekoeld is.
g) Bevestig de bevroren KitchenAid-ijskom en -klopper op de keukenmixer. Draai de mixer om te roeren en giet het koude mengsel in de kom terwijl de mixer draait en roer gedurende 20-25 minuten.
h) Schep het softijs in laagjes in een bakvorm en schep het grootste deel van de resterende speculoospasta tussen elke laag uit. Zet het ijs minimaal 24 uur in de vriezer (48 uur voor steviger ijs).
i) Serveer het ijs in wafelhoorntjes met speculoos en een extra lepel speculoospasta.

GESTOCHEERDE FRUITTOppings

61.Prosecco Gepocheerde Peren

INGREDIËNTEN:
- 4 rijpe peren, geschild en klokhuis verwijderd
- 2 kopjes Prosecco
- 1 kopje water
- ½ kopje suiker
- 1 kaneelstokje
- 4 hele kruidnagels
- Slagroom of vanille-ijs voor erbij

INSTRUCTIES:
a) Meng in een grote pan de Prosecco, het water, de suiker, het kaneelstokje en de hele kruidnagels.
b) Verwarm het mengsel op middelhoog vuur tot de suiker oplost en de vloeistof aan de kook komt.
c) Voeg de geschilde peren en het klokhuis toe aan het stroperingsvocht.
d) Laat de peren ongeveer 20-30 minuten in het Prosecco-mengsel sudderen, of tot de peren gaar zijn als je er met een vork in prikt.
e) Haal de pan van het vuur en laat de peren afkoelen in de vloeistof.
f) Eenmaal afgekoeld, haalt u de peren uit de vloeistof en plaatst u ze in serveerschalen.
g) Serveer de in Prosecco gepocheerde peren met een scheutje van het stroperingsvocht en een toefje slagroom of een bolletje vanille-ijs.

62. In rode wijn gepocheerde peren

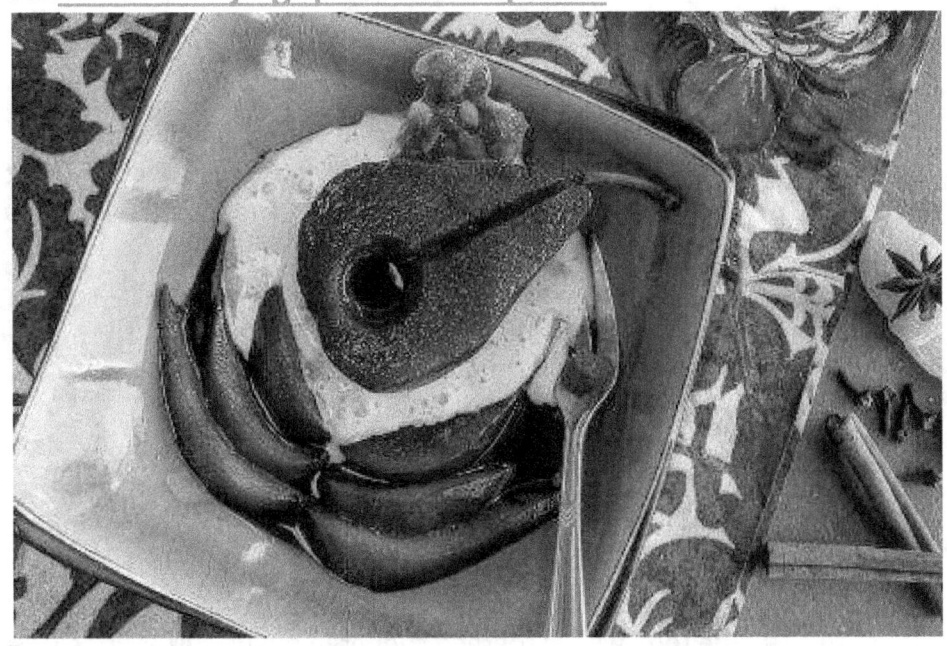

INGREDIËNTEN:
- ½ kopje suiker (100 g)
- 1 groot stuk sinaasappelschil
- 8 - 10 hele kruidnagels
- 1 kaneelstokje
- 2 kopjes rode wijn (bij voorkeur Cabernet Sauvignon of Merlot)
- ½ kopje water of sinaasappelsap (zie opmerkingen voor alternatieve opties)
- 2 theelepels vanille-extract
- ½ kopje frambozen, ontpitte kersen of bramen
- 3 - 6 middelgrote Bosc-peren

INSTRUCTIES:
a) Meng alle ingrediënten in een pan (behalve de peren). Zorg ervoor dat de peren goed passen in de pan, met net genoeg ruimte zodat ze gedeeltelijk onder een hoek in de stroperige vloeistof kunnen worden ondergedompeld.
b) Laat de rode wijn al roerend sudderen om de suiker op te lossen.
c) Zodra de wijn aan de kook is gekomen, zeef je de rode wijnvloeistof (als je vers fruit hebt gebruikt) om eventuele zaden en vruchtvlees te verwijderen. Gooi de zaden en het vruchtvlees weg, maar bewaar de kruidnagels, sinaasappelschil en kaneel. Voeg deze weer toe aan de vloeistof en doe het terug in de pan.
d) Schil de peren pas als het stroperingsvocht klaar is om verkleuring te voorkomen.
e) Plaats de geschilde peren voorzichtig in het stroperingsvocht.
f) Laat de peren 20 - 25 minuten in de vloeistof pocheren op middelhoog vuur (sudderen). Draai de peren elke 5 minuten om, zodat ze aan alle kanten gelijkmatig gepocheerd kunnen worden, inclusief de bovenkant.
g) Zodra de peren gepocheerd zijn, laat u ze rechtop in het stroperingsvocht staan, haalt u de pan van het vuur en laat u de peren afkoelen in het vocht.
h) Haal voor het serveren de peren uit het stroperingsvocht en plaats ze op een bord, bedek ze met plasticfolie.

i) Verwarm de resterende vloeistof in de pan en breng het aan de kook. Laat het een paar minuten doorkoken tot het iets dikker wordt tot een siroop. De kooktijd is afhankelijk van de resterende vloeistof, houd deze dus goed in de gaten. Als de siroop te dik wordt, voeg dan een beetje water toe om het te verdunnen.
j) Serveer de peren op een serveerschaal en bestrijk ze eventueel met de siroop, zodat ze een glanzend uiterlijk krijgen.
k) Sprenkel een beetje siroop over elke peer en serveer met een kant van opgeklopte mascarponekaas of slagroom.

63. Roséwijn - Gepocheerde abrikozen

INGREDIËNTEN:
- ¾ kopje suiker
- ¾ kopje roséwijn
- 4 verse abrikozen (of perziken), gehalveerd en pitten verwijderd

INSTRUCTIES
a) Voeg de suiker en de rosé toe aan een kleine pan.
b) Breng aan de kook en plaats de abrikozenhelften voorzichtig in de pan, ondergedompeld in de sudderende vloeistof.
c) Laat sudderen tot het zacht is, ongeveer 3-4 minuten, en doe het dan met een schuimspaan in een kom. Blijf de vloeistof sudderen tot deze voor de helft is ingekookt en licht stroperig is, ongeveer 10-15 minuten.
d) Haal van het vuur en giet over de abrikozen.
e) Bedek de abrikozen en de siroop en laat afkoelen tot het koud is.

64. In wijn gepocheerde vijgen met gelato

INGREDIËNTEN:
- 1½ kopje Droge rode wijn
- 1 eetlepel suiker (1-2T), naar smaak
- 1 Kaneelstokje
- 3 Hele kruidnagels
- 3 Hele verse vijgen, in vieren

SERVEREN
- Vanille-ijs als begeleiding
- Takjes munt voor garnering, indien gewenst

INSTRUCTIES:

a) Meng in een pan de wijn, suiker, kaneel en kruidnagel. Breng de vloeistof al roerend op matig hoog vuur aan de kook en laat het mengsel 5 minuten sudderen.

b) Voeg de vijgen toe en laat sudderen totdat de vijgen warm zijn. Laat afkoelen om op te warmen.

c) Schik bolletjes gelato in twee glazen met steel en beleg ze met de vijgen en een deel van het stroperingsvocht.

d) Garneer eventueel met munt.

65.Rum En Esdoorn Gepocheerde Ananas

INGREDIËNTEN:
- ¼ kopje pure ahornsiroop
- 3 eetlepels Rum
- 1 pond ananasstukjes

SERVEREN
- Ahornsiroop
- Vanillesorbet
- ½ kopje gewone magere yoghurt

INSTRUCTIES:
a) Meng in een zware, niet-reactieve pan de pure ahornsiroop en rum (indien gebruikt) op middelhoog vuur. Breng dit mengsel aan de kook.
b) Voeg de ananasstukjes toe aan de kokende siroop en laat 2 minuten koken.
c) Roer de ananas en laat nog 2-3 minuten sudderen, of totdat de ananas zacht wordt.
d) Serveer de gepocheerde ananas met een scheutje ahornsiroop, een klodder magere yoghurt of een vanillesorbet.

66. Brandewijn gepocheerde karamel clementines

INGREDIËNTEN:
- 12 Clementines
- 300 g kristalsuiker
- 100 ml Franse cognac
- 1 vanillestokje, in de lengte gehalveerd

INSTRUCTIES:

a) Begin met het bereiden van de clementines. Gebruik een klein scherp mes om de schil en het merg van alle Clementines weg te snijden. Voor ongeveer de helft van hen snijdt u de schil fijn.

b) Doe de kristalsuiker samen met 100 ml water in een middelgrote tot grote pan. Verwarm het zachtjes, roer tot de suiker volledig is opgelost. Breng het mengsel vervolgens aan de kook.

c) Laat het op middelhoog vuur ongeveer 8-10 minuten krachtig sudderen zonder te roeren. De siroop verandert in een diepe amberkleurige karamel. Haal de pan van het vuur en dompel de bodem kort in koud water om te voorkomen dat de karamel verder kookt.

d) Roer 100 ml koud water en de Franse cognac door de karamel. Voeg de geraspte clementineschil toe en laat 30 minuten zachtjes koken tot de schil zacht wordt.

e) Voeg nu de clementines toe aan de pan, ongeveer 6 tegelijk, en kook ze elk 2 minuten. Breng ze vervolgens over naar een serveerschaal.

f) Giet de hete siroop en de geraspte schil over de clementines in de serveerschaal. Voeg het gehalveerde vanillestokje toe.

g) Laat de gepocheerde clementines en siroop afkoelen en zet ze een nacht in de koelkast.

h) Serveer de gekoelde gepocheerde karamel-clementines in kleine glazen kommen voor een heerlijk winterdessert.

67. Met specerijen gepocheerde kiwi's

INGREDIËNTEN:
- 8 gouden kiwi's, geschild en gehalveerd
- 250 g suiker
- 1 vanillestokje, zaadjes geschraapt
- 1 kaneelstokje
- 2 laurierblaadjes
- 4 witte peperkorrels
- 200 ml slagroom, zacht opgeklopt, voor serveren

INSTRUCTIES:
a) Begin met het schillen van de gouden kiwi's en halveer ze. Zet ze opzij.
b) Meng in een pan de suiker, het geschraapte vanillezaad, het vanillestokje, het kaneelstokje, de laurierblaadjes en de witte peperkorrels.
c) Voeg 1 kopje water toe aan de pan en breng het mengsel al roerend aan de kook om de suiker volledig op te lossen.
d) Zodra de suiker is opgelost, voeg je de gehalveerde kiwi's toe aan de siroop. Laat ze ongeveer 5 minuten in de siroop koken.
e) Schep voor het serveren de gepocheerde kiwi's in kommen, besprenkel ze met een beetje siroop en garneer elke portie met een flinke klodder zacht opgeklopte room.
f) Geniet van dit heerlijke dessert dat de exotische smaken van gouden kiwi combineert met de aromatische essentie van vanille en kruiden, allemaal prachtig aangevuld met de romige goedheid van slagroom.

68. Gepocheerde Mango In Zobo Gembersiroop

INGREDIËNTEN:
- 2 kopjes geschild mangovlees, in blokjes
- 1 ½ kopje zobo (hibiscus) vloeistof
- 1 eetlepel verse gemberreepjes
- 4 stuks kruidnagel
- 2-4 suikerklontjes of 1 eetlepel honing
- 4 eetlepels dadelpuree

INSTRUCTIES:

a) Meng in een pot de zobo-vloeistof, het sap en enkele gemalen kruidnagels, vastgebonden in een mousseline doek. Breng dit mengsel ongeveer 5-7 minuten aan de kook.

b) Voeg plakjes gember, suiker (of honing) en de mangoblokjes toe aan de pot. Blijf ongeveer 5 minuten koken of totdat de vloeistof iets dikker begint te worden.

c) Haal de pan van het vuur, plaats het mengsel op een bord en laat het afkoelen voordat je het als een heerlijk dessert serveert.

d) Verdeel voor het dessert wat dadelpuree op het bord en verdeel de mangoblokjes en gemberreepjes over de dadelpuree. Raadpleeg mijn vorige bericht over het maken van dadelpuree voor meer informatie over de bereiding ervan.

e) Geniet van deze voortreffelijke gepocheerde mango in Zobo-gembersiroop als een heerlijke manier om het mangoseizoen te vieren en uw eetervaring naar een hoger niveau te tillen.

69.Honing En Kruiden Gepocheerde Veenbessen

INGREDIËNTEN:
- 4 kopjes verse veenbessen
- 1 kopje water
- 1 ½ kopje honing
- ½ kopje Banyuls of appelazijn
- 1 theelepel koosjer zout

KRUIDENBUNDEL:
- 1 kaneelstokje
- 2 kruidnagels
- 1 steranijs
- 4 zwarte peperkorrels
- 4 hele piment

INSTRUCTIES:
a) Combineer de verse veenbessen, water, honing, Banyuls of appelciderazijn en koosjer zout in een middelgrote pan.
b) Doe de ingrediënten van het kruidenbundeltje (kaneelstokje, kruidnagel, steranijs, zwarte peperkorrels en piment) in een stuk kaasdoek en bind dit samen met keukentouw tot een bundeltje.
c) Voeg het kruidenbundeltje toe aan de pan met het cranberrymengsel.
d) Breng het mengsel op middelhoog vuur aan de kook, af en toe roerend om de honing en het zout op te lossen.
e) Zodra het begint te sudderen, zet je het vuur laag en laat je de veenbessen ongeveer 10-15 minuten zachtjes pocheren, of totdat ze zacht maar niet papperig worden. Gedurende deze tijd af en toe roeren.
f) Haal de pan van het vuur en laat hem iets afkoelen.
g) Gooi het kruidenbundeltje weg.
h) Doe de gepocheerde gekruide veenbessen met honing en Banyuls-azijn in een serveerschaal.
i) Je kunt ze warm of op kamertemperatuur serveren, als heerlijk bijgerecht of als smaakmaker bij diverse gerechten.

70.Old Brew gepocheerde gemengde bessen

INGREDIËNTEN:
- 2 kopjes gemengde bessen (aardbeien, bosbessen, frambozen)
- 1 kopje koude koffie
- ¼ kopje honing
- 1 eetlepel citroensap
- Verse muntblaadjes voor garnering (optioneel)

INSTRUCTIES:
a) Meng in een kom cold brew koffie, honing en citroensap. Roer tot het goed gemengd is.
b) Doe de gemengde bessen in een ondiepe schaal en giet het cold brew mengsel erover.
c) Gooi de bessen voorzichtig om ze te bedekken met het koffiemengsel.
d) Dek de schaal af en zet hem minimaal 1 uur in de koelkast, zodat de smaken zich kunnen vermengen.
e) Serveer de met koud brouwsel doordrenkte gemengde bessen met verse muntblaadjes voor garnering, indien gewenst.

71. In koffie gepocheerde peren

INGREDIËNTEN:
- 4 stevige peren (zoals Packham of Beurre Bosc)
- 750 ml water
- ½ kopje bruine suiker
- 2 eetlepels Dark Roast koffie
- 1 kaneelstokje
- 1 gespleten vanillestokje
- 1 eetlepel rum of whisky (optioneel)

SERVEREN:
- Verkruimelde Amarettikoekjes
- Optioneel: room, yoghurt of ijs

INSTRUCTIES:
a) Begin met het schillen van de peren. Snijd ze doormidden en verwijder voorzichtig de klokhuizen.
b) Meng de bruine suiker en het water in een grote pan. Breng het mengsel aan de kook en zet vervolgens het vuur laag.
c) Voeg de koffie, het kaneelstokje, het gespleten vanillestokje en de rum of whisky toe (indien gewenst). Roer goed om alle ingrediënten te combineren.
d) Doe de perenhelften in de pan en breng het mengsel opnieuw aan de kook. Bedek de peren met een cirkel bakpapier.
e) Kook ongeveer 10 tot 12 minuten, of tot de peren zacht zijn en gemakkelijk met een mes kunnen worden doorboord. Gebruik een schuimspaan om de gepocheerde peren te verwijderen en doe ze in een hittebestendige serveerschaal.
f) Verhoog het vuur tot middelhoog en laat de siroop nog eens 10 tot 15 minuten sudderen, waardoor deze met ongeveer de helft wordt verminderd. Giet deze smaakvolle siroop over de gepocheerde peren.
g) Garneer de peren voor het serveren met verkruimelde Amarettikoekjes en besprenkel eventueel met koffiesiroop. Indien gewenst kunt u ook room, yoghurt of ijs toevoegen.

72. Gepocheerde gele appel

INGREDIËNTEN:
- 2 Yellow Delicious-appels
- 2 eetlepels Citroensap
- ⅓ kopje suiker
- 1 eetlepel Witte wijnazijn
- 2 ons ingeblikte kastanjepuree
- ½ kopje Aardappelpuree

INSTRUCTIES:
a) Verwarm uw oven voor op 350 graden Fahrenheit (175 graden Celsius).
b) Schil elke Yellow Delicious-appel, verwijder het klokhuis en snijd ze horizontaal doormidden.
c) Meng in een pan 1 liter kokend water, citroensap, suiker en witte wijnazijn. Breng dit mengsel aan de kook.
d) Doe de appelhelften in het kokende mengsel en pocheer ze gedurende 5 minuten. Haal de gepocheerde appels uit het vocht en laat ze uitlekken.
e) Vul de uitgelekte appelhelften met de kastanjepuree.
f) Bak de gevulde appels gedurende 10 minuten in de voorverwarmde oven.
g) Je kunt de gepocheerde Yellow Delicious appels zowel warm uit de oven als gekoeld serveren.
h) Kastanjepuree:
i) Roer de kastanjepuree uit blik en de aardappelpuree door elkaar tot een gladde consistentie ontstaat.

73. Gepocheerde kweepeer

INGREDIËNTEN:
- 4 kopjes water
- 2 kopjes suiker
- ¼ oranje; inclusief schil
- 4 kweeperen geschild zonder klokhuis; gevierendeeld

INSTRUCTIES:
a) Meng water, suiker en sinaasappel in een grote pan en breng aan de kook.
b) Voeg de kweepeer toe, breng aan de kook, zet het vuur laag en kook tot het zacht is, ongeveer 10 tot 15 minuten.
c) Haal van het vuur en laat afkoelen.

74. Exotische Hibiscus Gepocheerde Peren

INGREDIËNTEN:
- 80 g gezouten karamelchocolade
- 4 peren
- Ongeveer 10 hibiscusbloemen
- 3 steranijs
- 1 kaneelstokje
- 2 eetlepels ahornsiroop
- ½ kopje kokosbloesem (optioneel)
- Eetbare bloemen (optioneel)

INSTRUCTIES:
a) Schil de peren voorzichtig, snijd ze doormidden en verwijder voorzichtig de zaadjes met een meloenballer of een klein, scherp mes.
b) Doe ze samen met de hibiscusbloemen, steranijs, ahornsiroop en kaneel in een pan met water.
c) Pocheer tot ze gaar zijn, wat ongeveer 20-25 minuten duurt. Bewaar eventueel ongeveer 1 kopje van de resterende stroperijvloeistof, voeg een half kopje kokosbloesem toe en laat dit inkoken tot siroop.
d) Terwijl de peren pocheren, doe je de chocolade in een hittebestendige kom. Plaats de kom vervolgens boven een pan gevuld met water en verwarm deze zachtjes op het fornuis. Zorg ervoor dat de bodem van de kom het water niet raakt, omdat de chocolade hierdoor wat korrelig kan worden.
e) Laat de chocolade volledig smelten in de kom boven de pan met heet water.
f) Verdeel voor het serveren de gesmolten chocolade met gezouten karamel gelijkmatig over vier kleine kommen.
g) Leg de gepocheerde perenhelften erop en versier ze eventueel met eetbare bloemen. Geniet van dit heerlijke dessert!

75. Groene thee-gepocheerde Aziatische peren

INGREDIËNTEN:
VOOR DE GEPOCHEERDE PEREN:
- 4 Aziatische peren (zonder gebreken)
- 1 kopje turbinado-suiker
- 2 kopjes vers gezette groene thee
- 1 (2 inch) stuk verse gember, in dunne plakjes gesneden
- Schil van een halve citroen
- 1 groot takje verse munt
- Verse muntblaadjes (optioneel, voor garnering)

VOOR DE PISTACHEROOMSAUS:
- 1 kopje magere yoghurt (goed uitgelekt)
- ½ kopje karnemelk
- 1 eetlepel pure ahornsiroop
- ½ kopje gepelde, gevilde, grof gehakte natuurlijke pistachenoten

INSTRUCTIES:
VOOR DE GEPOCHEERDE PEREN:
a) Schil de Aziatische peren en verwijder het klokhuis, waarbij u ervoor zorgt dat u het scherpe middenkerngedeelte van elke peer verwijdert.
b) Meng in een middelgrote pan de turbinadosuiker, vers gezette groene thee, dun gesneden gemberwortel, citroenschil en vers munttakje.
c) Zet de pan op middelhoog vuur en breng het mengsel net aan de kook, zorg ervoor dat de suiker volledig is opgelost.
d) Zet het vuur laag en laat het sudderen en voeg de geschilde Aziatische peren en het klokhuis toe. Kook ongeveer 15 tot 20 minuten, of totdat de peren stevig blijven.
e) Laat de gepocheerde peren afkoelen tot kamertemperatuur en zet ze vervolgens afgedekt in de koelkast.

VOOR DE PISTACHEROOMSAUS:
f) Klop in een kleine kom de goed gedraineerde magere yoghurt, karnemelk en pure ahornsiroop door elkaar.
g) Voeg de grofgehakte pistachenoten toe aan het yoghurtmengsel en bewaar het in de koelkast tot je klaar bent om te serveren.

MONTAGE:
h) Haal de gepocheerde peren uit het stroperingsvocht, laat ze goed uitlekken en doe in elk van de vier gekoelde bekers een peer.
i) Bestrijk elke gepocheerde peer met de pistacheroomsaus.
j) Serveer het dessert onmiddellijk, eventueel gegarneerd met verse muntblaadjes.
k) Geniet van dit heerlijke dessert van in groene thee gepocheerde Aziatische peren met pistacheroomsaus, een perfecte balans tussen smaken en texturen.

76. In thee gepocheerde pruimen

INGREDIËNTEN:
- 1 kopje water
- 2 theezakjes (bij voorkeur Earl Grey)
- ⅓ kopje suiker
- 1 klein stokje kaneel
- 6 Rode pruimen, gehalveerd en ontpit

INSTRUCTIES:
a) Breng het water in een pan van 1,5 liter aan de kook.
b) Zodra het water kookt, laat je de theezakjes er 5 minuten in trekken. Gooi de theezakjes na het trekken weg.
c) Voeg de suiker en het kaneelstokje toe aan het met thee doordrenkte water.
d) Breng het mengsel aan de kook en voeg dan de gehalveerde en ontpitte rode pruimen toe.
e) Zet het vuur lager, dek de pan af en laat 3-4 minuten sudderen. De pruimen moeten zacht worden, maar nog wel wat stevigheid behouden.
f) Haal de gepocheerde pruimen er voorzichtig met een schuimspaan uit en doe ze in een serveerschaal.
g) Blijf met de resterende vloeistof in de pan sudderen om de saus in te dikken. Dit duurt ongeveer 5 minuten.
h) Zodra de saus is ingekookt en ingedikt, zeef je deze over de pruimen in de serveerschaal.
i) Serveer de kaneel en thee-gepocheerde pruimen over pudding of ijs voor een heerlijk dessert.
j) Geniet van je heerlijke en geurige gepocheerde pruimen!

BEIJDE VORMEN

77. Knapperige yoghurtvormen

INGREDIËNTEN:
- 1 kopje goede dikke honing
- 3 kopjes dikke Griekse yoghurt
- 1 kopje slagroom, licht opgeklopt
- 1 theelepel. puur vanille extract
- snoep hagelslag

INSTRUCTIES:
a) Verwarm de honing heel lichtjes om hem zacht te maken. Roer de yoghurt, slagroom en vanille erdoor en giet het in een ondiepe bak om te bevriezen, roer een of twee keer met een vork. Zet het 1 uur in de vriezer, maak het los met een vork en laat het nog een uur in de vriezer staan tot het stevig maar lepelbaar is.
b) Bekleed een bakvorm met anti-aanbakpapier. Plaats diervormige of andere koekjesvormen in de pan en vul met het ijs, zorg ervoor dat de bovenkanten waterpas zijn.
c) Zet het snel terug in de vriezer gedurende 1 tot 2 uur tot het echt stevig is.

d) Wanneer u klaar bent om te serveren, duwt u het ijs voorzichtig uit de vormpjes op een ijskoud bord. Wacht 1 tot 2 minuten totdat het oppervlak zacht begint te worden. Dompel ze vervolgens met een of twee houten spiesjes aan één of twee kanten in een kom met hagelslag. Zet meteen terug in de vriezer, want ze beginnen heel snel te smelten.
e) Om te serveren steek je in elk ijslollystokje een stokje.

78.Fruitige bevroren yoghurtschors

INGREDIËNTEN:
- 2 kopjes gewone Griekse yoghurt
- 1-2 eetlepels honing of ahornsiroop (optioneel, voor zoetheid)
- 1 kopje gemengd vers fruit (zoals bessen, gesneden kiwi en mango)
- 1/4 kop muesli of gehakte noten (optioneel, voor crunch)

INSTRUCTIES:
a) Meng de Griekse yoghurt in een mengkom met honing of ahornsiroop indien gewenst, en roer tot een gladde massa.
b) Bekleed een bakplaat met bakpapier of een siliconenmatje.
c) Verdeel het Griekse yoghurtmengsel gelijkmatig over de voorbereide bakplaat en zorg ervoor dat er een dunne laag ontstaat.
d) Strooi het gemengde verse fruit en de granola of gehakte noten gelijkmatig over de yoghurtlaag en druk ze voorzichtig in het oppervlak.
e) Plaats de bakplaat in de vriezer en vries gedurende 2-3 uur in, of totdat de yoghurt volledig bevroren is.
f) Eenmaal bevroren, haal je de yoghurtschors uit de vriezer en breek je hem in stukjes met je handen of een mes.
g) Serveer direct als verfrissend tussendoortje of dessert, of bewaar eventuele restjes luchtdicht afgesloten in de vriezer.

79.In chocolade gedoopte bananenpops

INGREDIËNTEN:
- 2 rijpe bananen, geschild en kruiselings doormidden gesneden
- Houten ijslollystokjes of spiesjes
- 1 kop pure of melkchocoladestukjes
- 1 eetlepel kokosolie
- Toppings naar keuze (zoals gehakte noten, geraspte kokosnoot of hagelslag)

INSTRUCTIES:
a) Steek een houten ijslollystokje of spiesje in elke bananenhelft en zorg ervoor dat deze stevig op zijn plaats zit.
b) Leg de bananenhelften op een bakplaat bekleed met bakpapier en vries ze 1-2 uur in de vriezer, of tot ze stevig zijn.
c) Meng de chocoladestukjes en kokosolie in een magnetronbestendige kom. Magnetron in intervallen van 30 seconden, roer tussendoor, tot de chocolade gesmolten en glad is.
d) Doop elke bevroren banaanhelft in de gesmolten chocolade, zodat het overtollige eraf kan druipen.
e) Strooi onmiddellijk de gewenste toppings over de met chocolade bedekte bananen voordat de chocolade hard wordt.
f) Plaats de in chocolade gedoopte bananenpoppen terug op de met bakpapier beklede bakplaat en plaats ze terug in de vriezer om volledig op te stijven.
g) Zodra de chocolade stevig is, serveer je de bananenpoppen onmiddellijk, of bewaar ze in een luchtdichte verpakking in de vriezer tot ze klaar zijn om ervan te genieten.

MARMALADES

80. Ananas-Habanero Marmelade

INGREDIËNTEN:
- 1 middelgrote ananas, geschild en zonder klokhuis 2 habanero chilipepers, in dunne plakjes gesneden
- 1 kopje suiker
- Sap en geraspte schil van 2 limoenen
- ¾ theelepel koosjer zout
- 3 eetlepels witte azijn

INSTRUCTIES:
a) Rasp de ananas op de grote gaten van een doosrasp in een grote kom. Bewaar het sap.
b) Meng de ananas en het sap in een grote pan met de chilipepers, suiker, limoensap en zout. Breng op middelhoog vuur aan de kook, zet het vuur laag zodat het blijft sudderen en voeg de azijn toe. Kook, af en toe roerend, tot het mengsel dik genoeg is om de achterkant van de lepel te bedekken, 8 tot 10 minuten. Haal van het vuur, roer de limoenschil erdoor en laat afkoelen.
c) Bewaard in een luchtdichte verpakking in de koelkast, is de marmelade maximaal 1 week houdbaar.

81. Sinaasappelmarmelade

INGREDIËNTEN:
- 4 grote sinaasappelen
- 1 citroen
- 4 kopjes kristalsuiker
- Water

INSTRUCTIES:
a) Was de sinaasappels en citroen grondig. Snijd ze doormidden en pers ze uit, bewaar het sap.
b) Schep het vruchtvlees en de zaden uit de uitgeperste fruithelften en bind ze op in een kaasdoek.
c) Snijd de sinaasappel- en citroenschillen in dunne reepjes of partjes.
d) Plaats de schilreepjes van citrusvruchten en het kaasdoekzakje met vruchtvlees en zaden in een grote pot. Voeg voldoende water toe om de schillen te bedekken.
e) Breng het mengsel op middelhoog vuur aan de kook. Zet het vuur lager en laat ongeveer 30 minuten sudderen, of tot de schillen zacht en zacht zijn.
f) Verwijder het kaasdoekzakje en gooi het weg.
g) Meet de gekookte schillen en vloeistof af. Voeg voor elke kop gekookte schillen en vloeistof 1 kop suiker toe aan de pot.
h) Roer de suiker erdoor tot deze is opgelost en breng het mengsel op middelhoog vuur aan de kook.
i) Kook het marmelademengsel, vaak roerend, tot het het gelstadium bereikt en dikker wordt, meestal ongeveer 20-25 minuten.
j) Haal de pan van het vuur en laat de marmelade iets afkoelen voordat je hem in gesteriliseerde potten doet.
k) Sluit de potten af en laat de marmelade volledig afkoelen voordat u deze in de koelkast zet. Het zal blijven dikker worden terwijl het afkoelt.

82.Citroen Marmelade

INGREDIËNTEN:
- 6 grote citroenen
- 4 kopjes kristalsuiker
- Water

INSTRUCTIES:

a) Was de citroenen grondig, snij ze in dunne plakjes en gooi de uiteinden weg. Verwijder eventuele zaden en bewaar ze.

b) Doe de schijfjes citroen in een grote pan en bedek ze met water. Voeg de gereserveerde zaden toe aan een kaasdoekzakje en knoop het dicht.

c) Breng de pan op middelhoog vuur aan de kook, zet het vuur lager en laat ongeveer 30 minuten sudderen, of tot de schijfjes citroen gaar zijn.

d) Verwijder het kaasdoekzakje met zaden en gooi het weg.

e) Meet de gekookte schijfjes citroen en de vloeistof af. Voeg voor elke kop gekookte schijfjes citroen en vloeistof 1 kopje suiker toe aan de pot.

f) Roer de suiker erdoor tot deze is opgelost en breng het mengsel op middelhoog vuur aan de kook.

g) Kook het marmelademengsel, vaak roerend, tot het het gelstadium bereikt en dikker wordt, meestal ongeveer 20-25 minuten.

h) Haal de pan van het vuur en laat de marmelade iets afkoelen voordat je hem in gesteriliseerde potten doet.

i) Sluit de potten af en laat de marmelade volledig afkoelen voordat u deze in de koelkast zet. Het zal blijven dikker worden terwijl het afkoelt.

83. Grapefruit Marmelade

INGREDIËNTEN:
- 4 grote grapefruits
- 4 kopjes kristalsuiker
- Water

INSTRUCTIES:
a) Was de grapefruits grondig, snij ze in dunne plakjes en gooi de uiteinden weg. Verwijder eventuele zaden en bewaar ze.
b) Doe de grapefruitplakken in een grote pan en bedek ze met water. Voeg de gereserveerde zaden toe aan een kaasdoekzakje en knoop het dicht.
c) Breng de pan op middelhoog vuur aan de kook, zet het vuur lager en laat ongeveer 30 minuten sudderen, of tot de grapefruitplakken gaar zijn.
d) Verwijder het kaasdoekzakje met zaden en gooi het weg.
e) Meet de gekookte grapefruitplakken en vloeistof af. Voeg voor elke kop gekookte grapefruitplakken en vloeistof 1 kopje suiker toe aan de pot.
f) Roer de suiker erdoor tot deze is opgelost en breng het mengsel op middelhoog vuur aan de kook.
g) Kook het marmelademengsel, vaak roerend, tot het het gelstadium bereikt en dikker wordt, meestal ongeveer 20-25 minuten.
h) Haal de pan van het vuur en laat de marmelade iets afkoelen voordat je hem in gesteriliseerde potten doet.
i) Sluit de potten af en laat de marmelade volledig afkoelen voordat u deze in de koelkast zet. Het zal blijven dikker worden terwijl het afkoelt.

84. Frambozenmarmelade

INGREDIËNTEN:

- 4 kopjes verse frambozen
- 2 kopjes kristalsuiker
- 1 citroen, uitgeperst

INSTRUCTIES:

a) Meng de frambozen, suiker en citroensap in een grote pot.
b) Kook op middelhoog vuur, af en toe roerend, tot de frambozen uiteenvallen en het mengsel dikker wordt, ongeveer 20-25 minuten.
c) Gebruik een aardappelstamper of staafmixer om de resterende grote stukken fruit af te breken.
d) Blijf het mengsel koken tot het de gewenste dikte heeft bereikt, nog ongeveer 10-15 minuten.
e) Haal de pan van het vuur en laat de frambozenmarmelade iets afkoelen.
f) Breng de marmelade over naar gesteriliseerde potten en laat deze volledig afkoelen voordat u deze in de koelkast zet.

85. Aardbeienmarmelade

INGREDIËNTEN:
- 4 kopjes verse aardbeien, gepeld en gehakt
- 2 kopjes kristalsuiker
- 1 citroen, uitgeperst

INSTRUCTIES:
a) Meng de aardbeien, suiker en citroensap in een grote pot.
b) Kook op middelhoog vuur, af en toe roerend, tot de aardbeien uiteenvallen en het mengsel dikker wordt, ongeveer 20-25 minuten.
c) Gebruik een aardappelstamper of staafmixer om de resterende grote stukken fruit af te breken.
d) Blijf het mengsel koken tot het de gewenste dikte heeft bereikt, nog ongeveer 10-15 minuten.
e) Haal de pan van het vuur en laat de aardbeienmarmelade iets afkoelen.
f) Breng de marmelade over naar gesteriliseerde potten en laat deze volledig afkoelen voordat u deze in de koelkast zet.

86. Gemengde bessenmarmelade

INGREDIËNTEN:

- 2 kopjes gemengde bessen (zoals bosbessen, bramen en frambozen)
- 2 kopjes kristalsuiker
- 1 citroen, uitgeperst

INSTRUCTIES:

a) Meng de gemengde bessen, suiker en citroensap in een grote pot.
b) Kook op middelhoog vuur, af en toe roerend, tot de bessen uiteenvallen en het mengsel dikker wordt, ongeveer 20-25 minuten.
c) Gebruik een aardappelstamper of staafmixer om de resterende grote stukken fruit af te breken.
d) Blijf het mengsel koken tot het de gewenste dikte heeft bereikt, nog ongeveer 10-15 minuten.
e) Haal de pan van het vuur en laat de gemengde bessenmarmelade iets afkoelen.
f) Breng de marmelade over naar gesteriliseerde potten en laat deze volledig afkoelen voordat u deze in de koelkast zet.

SLAGROOM TOPPINGS

87. Vanille En Tequila Slagroom

INGREDIËNTEN:
- 1 kopje koude zware room
- 2 eetlepels suiker
- 1 vanilleboon, in de lengte gespleten, of 1 theelepel puur vanille-extract
- 1½ eetlepel reposado of añejo tequila (optioneel)

INSTRUCTIES:
a) Plaats een roestvrijstalen kom en een garde in de vriezer en laat 10 tot 15 minuten afkoelen.
b) Meng de room en de suiker in de gekoelde kom. Als je een vanillestokje gebruikt, gebruik dan een schilmesje om de zaadjes van de peulhelften te schrapen en voeg de zaadjes toe aan het roommengsel.
c) Klop met de gekoelde garde totdat de room zachte pieken behoudt wanneer de garde wordt opgetild.
d) Klop de tequila erdoor (en vanille-extract, indien gebruikt). Blijf kloppen tot de room medium-stijve pieken behoudt. Gebruik het meteen, of dek het af met plasticfolie en bewaar het maximaal 2 dagen in de koelkast. (In de koelkast, vlak voor gebruik nogmaals 10 tot 15 seconden kloppen.)

88. Chocolade slagroom

INGREDIËNTEN:
- 1 kopje zware slagroom
- 2 eetlepels cacaopoeder
- 2 eetlepels poedersuiker
- 1/2 theelepel vanille-extract

INSTRUCTIES:
a) Zet een mengkom en kloppers ongeveer 15 minuten in de vriezer.
b) Meng in de gekoelde kom de zware slagroom, cacaopoeder, poedersuiker en vanille-extract.
c) Klop het mengsel met de gekoelde kloppers tot er stijve pieken ontstaan.
d) Schep de chocoladeslagroom op de ijscoupes en garneer indien gewenst met chocoladeschaafsel of hagelslag.

89.Bessen slagroom

INGREDIËNTEN:
- 1 kopje zware slagroom
- 2 eetlepels poedersuiker
- 1/2 kop verse bessen (zoals aardbeien, frambozen of bosbessen)
- 1/2 theelepel vanille-extract

INSTRUCTIES:
a) Zet een mengkom en kloppers ongeveer 15 minuten in de vriezer.
b) Meng in de gekoelde kom de zware slagroom, poedersuiker, bessen en vanille-extract.
c) Klop het mengsel met de gekoelde kloppers tot er stijve pieken ontstaan en de bessen zijn opgenomen.
d) Schep de bessenslagroom op de ijscoupes en garneer indien gewenst met extra verse bessen.

90.Gezouten Karamel Slagroom

INGREDIËNTEN:
- 1 kopje zware slagroom
- 2 eetlepels poedersuiker
- 2 eetlepels gezouten karamelsaus (in de winkel gekocht of zelfgemaakt)
- 1/2 theelepel vanille-extract

INSTRUCTIES:
a) Zet een mengkom en kloppers ongeveer 15 minuten in de vriezer.
b) Meng in de gekoelde kom de zware slagroom, poedersuiker, gezouten karamelsaus en vanille-extract.
c) Klop het mengsel met de gekoelde kloppers tot er stijve pieken ontstaan.
d) Schep de slagroom met gezouten karamel op de ijscoupes en besprenkel met extra gezouten karamelsaus voor extra smaak.

91.Koffie slagroom

INGREDIËNTEN:
- 1 kopje zware slagroom
- 2 eetlepels poedersuiker
- 1 eetlepel oploskoffiekorrels of espressopoeder
- 1/2 theelepel vanille-extract

INSTRUCTIES:
a) Zet een mengkom en kloppers ongeveer 15 minuten in de vriezer.
b) Meng in de gekoelde kom de zware slagroom, poedersuiker, oploskoffiekorrels of espressopoeder en vanille-extract.
c) Klop het mengsel met de gekoelde kloppers tot er stijve pieken ontstaan.
d) Schep de koffieslagroom op de ijscoupes en bestrooi met extra koffiekorrels of met chocolade omhulde koffiebonen ter decoratie.

92. Citroen slagroom

INGREDIËNTEN:
- 1 kopje zware slagroom
- 2 eetlepels poedersuiker
- Schil van 1 citroen
- 1 eetlepel citroensap
- 1/2 theelepel vanille-extract

INSTRUCTIES:
a) Zet een mengkom en kloppers ongeveer 15 minuten in de vriezer.
b) Meng in de gekoelde kom de zware slagroom, poedersuiker, citroenschil, citroensap en vanille-extract.
c) Klop het mengsel met de gekoelde kloppers tot er stijve pieken ontstaan.
d) Schep de citroenslagroom op de ijscoupes en garneer met extra citroenschil of schijfjes citroen voor een heldere en verfrissende smaak.

93. Geroosterde Marshmallow-slagroom

INGREDIËNTEN:
- 1 kopje zware slagroom
- 2 eetlepels poedersuiker
- 1/2 theelepel vanille-extract
- 4 marshmallows, geroosterd

INSTRUCTIES:
a) Zet een mengkom en kloppers ongeveer 15 minuten in de vriezer.
b) Pureer de geroosterde marshmallows in een kleine kom met een vork tot een gladde massa.
c) Meng in de gekoelde mengkom de zware slagroom, poedersuiker en vanille-extract.
d) Klop het mengsel met de gekoelde kloppers tot er zachte pieken ontstaan.
e) Spatel voorzichtig de gepureerde geroosterde marshmallows erdoor tot ze gelijkmatig verdeeld zijn.
f) Schep de geroosterde marshmallow-slagroom op de ijscoupes en bestrooi met extra geroosterde marshmallows voor een leuke en heerlijke twist.

KOEKJES EN GEBAKKEN GOEDEREN

94. Browniestukjes

INGREDIËNTEN:

- 1/2 kop ongezouten boter
- 1 kopje kristalsuiker
- 2 grote eieren
- 1 theelepel vanille-extract
- 1/3 kopje ongezoet cacaopoeder
- 1/2 kopje bloem voor alle doeleinden
- 1/4 theelepel zout
- 1/4 theelepel bakpoeder

INSTRUCTIES:

a) Verwarm uw oven voor op 175°C (350°F) en vet een vierkante bakvorm van 20 cm in.
b) Smelt de boter in een middelgrote pan op laag vuur. Haal van het vuur en roer de suiker, eieren en vanille-extract erdoor tot alles goed gemengd is.
c) Voeg cacaopoeder, bloem, zout en bakpoeder toe aan het mengsel en roer tot een gladde massa.
d) Giet het beslag in de voorbereide bakvorm en verdeel het gelijkmatig.
e) Bak gedurende 25-30 minuten of tot een tandenstoker die in het midden wordt gestoken eruit komt met vochtige kruimels (geen nat beslag).
f) Laat de brownies volledig afkoelen in de pan voordat je ze in kleine stukjes snijdt om als topping voor ijscoupes te gebruiken.

95.Zandkoekkoekjes

INGREDIËNTEN:

- 1 kopje ongezouten boter, verzacht
- 1/2 kop poedersuiker
- 2 kopjes All-purpose Flour
- 1/4 theelepel zout
- 1 theelepel vanille-extract

INSTRUCTIES:

a) Verwarm uw oven voor op 175°C (350°F) en bekleed een bakplaat met bakpapier.
b) In een grote mengkom de zachte boter en de poedersuiker tot een licht en luchtig mengsel kloppen.
c) Voeg het vanille-extract toe en meng tot alles goed gemengd is.
d) Voeg geleidelijk de bloem en het zout toe aan het botermengsel en meng tot er een deeg ontstaat.
e) Rol het deeg uit op een licht met bloem bestoven oppervlak tot een dikte van ongeveer 1/4 inch.
f) Gebruik koekjesvormers om vormen uit het deeg te snijden en plaats ze op de voorbereide bakplaat.
g) Bak gedurende 10-12 minuten of tot de randen licht goudbruin zijn.
h) Laat de zandkoekkoekjes een paar minuten afkoelen op de bakplaat voordat je ze op een rooster legt om volledig af te koelen. Eenmaal afgekoeld, gebruik ze als toppings voor ijscoupes.

96. Havermoutkoekjes brokkelt af

INGREDIËNTEN:

- 1/2 kop ongezouten boter, verzacht
- 1/2 kopje bruine suiker, verpakt
- 1/4 kop kristalsuiker
- 1 groot ei
- 1 theelepel vanille-extract
- 3/4 kopje bloem voor alle doeleinden
- 1/2 theelepel zuiveringszout
- 1/2 theelepel gemalen kaneel
- 1/4 theelepel zout
- 1 1/2 kopjes ouderwetse haver

INSTRUCTIES:

a) Verwarm uw oven voor op 175°C (350°F) en bekleed een bakplaat met bakpapier.
b) Meng in een grote mengkom de zachte boter, de bruine suiker en de kristalsuiker tot het licht en luchtig is.
c) Voeg het ei en het vanille-extract toe aan het mengsel en klop goed om te combineren.
d) Meng in een aparte kom de bloem, baksoda, kaneel en zout.
e) Voeg geleidelijk de droge ingrediënten toe aan de natte ingrediënten en meng tot alles goed gemengd is.
f) Roer de ouderwetse haver erdoor tot het gelijkmatig door het deeg is verdeeld.
g) Laat lepels deeg op de voorbereide bakplaat vallen, met een onderlinge afstand van ongeveer 5 cm.
h) Bak gedurende 10-12 minuten of tot de randen licht goudbruin zijn.
i) Laat de koekjes een paar minuten afkoelen op de bakplaat voordat je ze op een rooster legt om volledig af te koelen. Eenmaal afgekoeld, verkruimel je ze in kleine stukjes om als topping voor ijscoupes te gebruiken.

97. Chocoladekoekjesdeegbeten

INGREDIËNTEN:
- 1/2 kop ongezouten boter, verzacht
- 1/4 kop kristalsuiker
- 1/2 kop verpakte bruine suiker
- 1 theelepel vanille-extract
- 1 kopje bloem voor alle doeleinden
- Snufje zout
- 2 eetlepels melk
- 1/2 kopje mini-chocoladestukjes

INSTRUCTIES:

a) Meng in een mengkom de zachte boter, kristalsuiker en bruine suiker tot een gladde massa.
b) Voeg het vanille-extract toe en meng tot alles goed gemengd is.
c) Voeg geleidelijk de bloem en het zout toe aan het botermengsel en meng tot er een deeg ontstaat.
d) Roer de melk erdoor tot het deeg een gladde consistentie krijgt.
e) Vouw de mini-chocoladestukjes erdoor tot ze gelijkmatig door het deeg zijn verdeeld.
f) Rol het deeg in kleine hapklare balletjes en leg ze op een met bakpapier beklede bakplaat.
g) Zet de koekjesdeeghapjes minimaal 30 minuten in de koelkast om op te stijven.
h) Eenmaal gekoeld serveer je de chocoladekoekjesdeeghapjes als topping voor ijscoupes, of bewaar ze in een luchtdichte verpakking in de koelkast tot ze klaar zijn voor gebruik.

98.Blondie-vierkanten

INGREDIËNTEN:
- 1/2 kopje ongezouten boter, gesmolten
- 1 kopje lichtbruine suiker, verpakt
- 1 groot ei
- 1 theelepel vanille-extract
- 1 kopje bloem voor alle doeleinden
- 1/2 theelepel bakpoeder
- 1/4 theelepel zout
- 1/2 kop witte chocoladestukjes (optioneel)

INSTRUCTIES:
a) Verwarm uw oven voor op 175°C (350°F) en vet een vierkante bakvorm van 20 cm in.
b) Klop in een mengkom de gesmolten boter en bruine suiker tot een gladde massa.
c) Voeg het ei en het vanille-extract toe aan het mengsel en klop tot alles goed gemengd is.
d) Zeef de bloem, het bakpoeder en het zout in een aparte kom.
e) Voeg geleidelijk de droge ingrediënten toe aan de natte ingrediënten en meng tot ze net gemengd zijn.
f) Vouw de witte chocoladestukjes erdoor, indien gebruikt.
g) Verdeel het beslag gelijkmatig in de voorbereide bakvorm.
h) Bak gedurende 20-25 minuten of tot de bovenkant goudbruin is en een tandenstoker die je in het midden steekt er schoon uitkomt.
i) Laat de blondies 10 minuten afkoelen in de pan voordat je ze op een rooster legt om volledig af te koelen. Eenmaal afgekoeld, snijd ze in vierkanten om te gebruiken als topping voor ijscoupes.

99. Wafelkegelstukken

INGREDIËNTEN:
- 4 wafelkegels
- 2 eetlepels ongezouten boter, gesmolten
- 2 eetlepels kristalsuiker (optioneel)

INSTRUCTIES:
a) Verwarm uw oven voor op 175°C.
b) Breek de wafelkegels in kleine stukjes en doe ze in een mengkom.
c) Sprenkel de gesmolten boter over de kegelstukken en meng ze gelijkmatig. Bestrooi eventueel met kristalsuiker voor extra zoetheid.
d) Verdeel de gecoate kegelstukken in een enkele laag op een bakplaat bekleed met bakpapier.
e) Bak gedurende 5-7 minuten, af en toe roerend, tot de stukken goudbruin en knapperig zijn.
f) Laat de stukjes wafelkegel volledig afkoelen voordat u ze als topping voor ijscoupes gebruikt.

100. Biscotti

INGREDIËNTEN:
- 2 kopjes All-purpose Flour
- 1 theelepel bakpoeder
- 1/4 theelepel zout
- 1/2 kop ongezouten boter, verzacht
- 3/4 kopje kristalsuiker
- 2 grote eieren
- 1 theelepel vanille-extract
- 1/2 kop gehakte amandelen of andere noten (optioneel)

INSTRUCTIES:
a) Verwarm uw oven voor op 175°C (350°F) en bekleed een bakplaat met bakpapier.
b) Meng in een middelgrote kom de bloem, het bakpoeder en het zout.
c) Klop in een aparte kom de zachte boter en de kristalsuiker tot een licht en luchtig mengsel.
d) Klop de eieren één voor één erdoor tot ze goed gemengd zijn. Roer het vanille-extract erdoor.
e) Voeg geleidelijk de droge ingrediënten toe aan de natte ingrediënten en meng tot er een deeg ontstaat.
f) Vouw de gehakte noten erdoor, indien gebruikt.
g) Verdeel het deeg in tweeën en vorm elke helft tot een blok van ongeveer 30 cm lang en 5 cm breed.
h) Plaats de houtblokken op de voorbereide bakplaat, met een tussenruimte van enkele centimeters.
i) Bak gedurende 25-30 minuten, of totdat de houtblokken goudbruin zijn en stevig aanvoelen.
j) Haal uit de oven en laat de houtblokken 10 minuten afkoelen op de bakplaat.
k) Breng de houtblokken over naar een snijplank en gebruik een scherp mes om ze diagonaal in plakjes van 1/2 inch dik te snijden.
l) Leg de biscottiplakken met de snijkant naar beneden op de bakplaat en bak nog eens 10-15 minuten, of tot ze knapperig en goudbruin zijn.
m) Laat de biscotti volledig afkoelen voordat je ze als topping voor ijscoupes gebruikt.

CONCLUSIE

Terwijl we onze reis door HET ULTIEME IJSJE BARS RECEPTEN BOEK' afsluiten, hopen we dat je geïnspireerd bent om je creativiteit de vrije loop te laten en te genieten van de zoete vreugde van het creëren van je eigen ijsdromen. Of je nu een fan bent van klassieke ijscoupes of graag wilt experimenteren met nieuwe smaken en toppings, er zijn geen grenzen aan de heerlijke combinaties die je met deze recepten kunt creëren.

Terwijl je de wereld van ijscoupes blijft verkennen, mag elke ijscreatie die je maakt je vreugde, voldoening en veel glimlachen brengen. Of je ze nu deelt met vrienden en familie of er alleen van geniet, moge de ervaring van het bouwen en genieten van deze heerlijke desserts je dag geluk brengen en dierbare herinneringen creëren die een leven lang meegaan.

Bedankt dat je met ons meegaat op deze smaakvolle reis door de wereld van ijscoupesrepen. Moge uw ijs genereus worden uitgeschept, uw toppings hoog opgestapeld en uw smaakpapillen blij zijn met elke lepel. Tot we elkaar weer ontmoeten, veel plezier met het maken van ijscoupes en eet smakelijk!